느려도 괜찮아,
남미잖아

십대에게 주는 엄마의 여행 선물

느려도 괜찮아,
남미잖아
십대에게 주는 엄마의 여행 선물

펴낸날 | 2019년 12월 30일

지은이 | 최현숙

편집 | 김동관
디자인 | 석화린
마케팅 | 홍석근

펴낸곳 | 도서출판 평사리 Common Life Books
출판신고 | 제313-2004-172 (2004년 7월 1일)
주 소 | 경기도 고양시 덕양구 중앙로558번길 16-16, 7층
전 화 | 02-706-1970 팩 스 | 02-706-1971
전자우편 | commonlifebooks@gmail.com

이 책은 강원도와 강원문화재단의 후원으로 발간되었습니다.

느려도 괜찮아, 남미잖아

십대에게 주는 엄마의 여행 선물

최현숙 지음

평사리
Common Life Books

들어가는 말

여행은 일상의 익숙함에서 벗어나게 하는 설렘이 있습니다. 남미 여행을 떠나게 된 가장 큰 이유는 지구 반대편 세상에 대한 호기심 때문이었습니다.

1980년대에 대학교 도서관에서 만난 남미에 관한 책은 사회주의 혁명과 내란으로 얼룩진 상처와 가난에 찌든 빈민의 고통이 담겨 있었습니다. 그 모습은 군부독재기에 사회적 갈등이 심했던 우리네 모습과 겹쳤습니다. 시간이 흐르고 흘러 책과 방송을 통해 다시금 보게 된 그곳은 위대한 잉카 문명의 후예들이 사는 곳이었습니다. 독특하고 다양한 자연환경과 무한한 잠재력을 가진 거대한 대륙이기도 했습니다.

남미는 우리가 먹는 많은 식재료의 원산지입니다. 감자, 옥수수, 토마토, 고추, 파인애플, 바닐라, 사탕수수, 카카오, 딸기 등인데 전 세계로 퍼져 세계인의 식탁에서 사랑받고 있지요. 원산지와 우리나라에서 먹는 식재료들이 어떤 게 같고 다를까 궁금했습니다.

남미 여행을 통해 신대륙 발견 이후 스페인과 포르투갈의 약 300년에 걸친 식민통치기 동안 원주민의 고유문화와 전통이 어떻게 소멸됐는지 궁금했습니다. 지금은 그 후손들이 어떤 모습으로 살아가고 있는지 확인해 보고 싶었습니다. 풍부한 자원을 가지고도 왜 경제 발전이 더디고 빈부격차가 심할까 의문이 생겼습니다.

사랑과 평화의 종교 가톨릭이 남미 지역에 전파된 것은 총칼을 앞세운 강요와 폭력 때문이었습니다. 화려하고 웅장한 성당을 찾아 종교의 참된 의미가 무엇인지 알고 싶었습니다.

여행기를 쓰면서 그런 이야기를 청소년과 나누고 싶었습니다. 지구 반대편 남미의 아름다운 자연과 낯선 문화와 환경, 사람과 언어를 통해 볼 때 세상은 얼마나 넓고 다양한지 말입니다. 보고 들은 경험을 개인적인 추억으로만 남기기보다 많은 사람들과 함께하는 것이 의미 있다고 생각해 책으로 엮었습니다. 글 속에는 남미 여행의 여정과 함께 역사와 문화적 배경도 담았습니다. 글을 쓰는 동안 남미의 역사와 문화에 대한 이해가 더 명확해지고 더 가득 채울 수 있어 뿌듯했습니다. 우리 청소년들이 남미에 대한 이해의 폭을 넓히는 데 도움이 되기 바랍니다.

2019년 12월

최현숙

차례

볼리비아

칠레

아르헨티나

브라질

두려움을 이기고 떠나는 여행

　여행은 좋은 점이 많아. 익숙한 것에서 벗어나 새로운 환경과 자연, 음식, 사람을 만날 수 있으니까. 그런 만남은 다른 문화와 다른 사람들의 의견을 받아들이고 이해하는 데 도움이 되지. 모든 문화는 각각 자신만의 가치와 특성을 갖고 있어. 절대적으로 우월하거나 열등한 문화는 없단다.

　여행지에서의 시간은 일상과는 떨어진 또 다른 세계야. 남미 여행을 다녀오기 전 걱정을 많이 했어. 한 달 동안 이어지는 여정이라 체력적인 면에서 견딜 수 있을까. 고산지대를 여행할 때 고산증이 오면 어쩌지. 치안도 불안한 곳이 많다는데 위험한 일을 겪게 되면 어떻게 하지. 영어도 못하고 스페인어도 못하면서 남미 여행을 선택하다니 너무 무모하다는 생각이 들었어.

　출발 날짜가 다가오면서 불안감이 자꾸 커지더니 체중이 2㎏이나 빠졌어. 하지만 '아무것도 하지 않으면 아무 일도 일어나지 않는다'는 말이 있잖아. 뭔가를 얻으려면 무언가를 해야 한다는 생각이 들었지. 남미 여행을 통해 얻을 수 있는 것은 많아. 그것을 얻으려면 고산증세가 가져다줄 고통도 이겨 내야 하고 치안 불안으로 겪게 될 금전적 손해도 감수해야겠지. 언어 소통에도 문제가 있을 수 있겠지. 아, 그땐 번역기라도 사용하면 되려나? 아무튼 전체적으로 한번 부딪쳐 보자는 생각이 들었지.

생각해 보니 스스로 만든 두려움이라는 감옥에 갇혀 있었던 거야. 어떤 일을 망치는 가장 큰 원인 중 하나는 두려움이야. 두려움은 갖가지 변명거리를 만들어 내며 뒷걸음질 치게 만들지. 다른 사람이 주는 것이 아니라 내가 만드는 것이었어. 결국 내가 깨고 나와야 하는 것이지. 그 생각을 하자 나를 옭아맨 단단한 끈이 풀려 나가는 것처럼 홀가분했어.

남미 여행을 떠나던 날 인천국제공항은 11월 말이었는데, 출발 날짜를 11월 말로 정한 이유는 우리나라와 그곳은 계절이 반대이기 때문이야. 남미는 여름이거든. 이때 가야 파타고니아 지역을 들어갈 수 있어.

우리나라에서 남미로 가는 직항 편은 아직 없어서 미국이나 일본, 캐나다, 유럽 등을 경유해야 해. 나는 미국 LA 공항을 경유해 페루 리마까지 갔어. LA까지는 10시간, LA에서 리마까지 또 10시간이 걸렸어.

리마 호르헤 차베스 국제공항에는 밤늦게 도착했어. 공항 안에 있는 광고판, 전자 시스템이 모두 삼성 전자 제품이라 처음 오는 곳인데도 왠지 친근하더라.

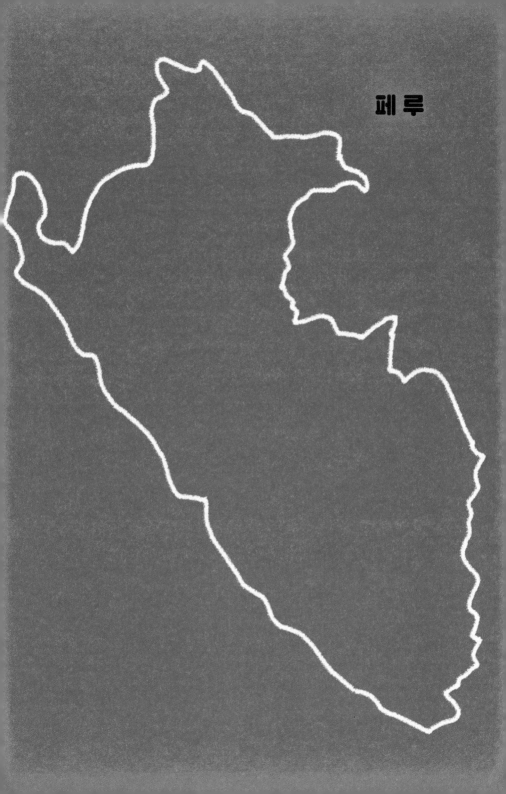

페 루

남미의 관문, 페루 리마

남미 여행이 본격적으로 시작되는 리마에서 첫 번째로 한 일은 환전이야. 페루 돈 1솔이면 우리나라 돈 350원~400원이야. 가장 많이 쓴 화폐 단위는 10솔이었어. 10솔 화폐의 주인공은 페루의 항공 영웅으로 불리는 호세 아벨라트 도키뇨네 곤잘레스(1914~1941)야. 이 사람은 에콰도르와의 전쟁 때 비행기를 몰고 적진으로 뛰어들어 자폭하면서 페루가 전쟁에서 승리하는 데 기여했대. 화폐 뒷편에는 페루 최고의 유적지인 마추픽추의 전경을 배경으로 비행기가 떠 있는 모습이 표현되어 있어.

50솔은 우리나라 돈 2만 원에 해당되는데 알파카로 짠 재킷 한벌을 살 수 있는 돈이야. 페루의 유명한 작가 아브라함 발델로마 핀토(1888~1919년)가 주인공이야. 33세의 젊은 나이에 불의의 사고로 세상을 떠났지만 페루의 아름다운 이야기와 시대를 앞서간 과감한 작품을 남겼다고 평가받아. 화폐 뒷면에는 안데스 최초의 문명인 해발 3,185미터 고원에 위치한 차빈 유적지가 나와. 200솔은 페루 화폐 중 가장 큰 돈인데 우리나라 돈으로 환산하면 8만 원 정도야. 워낙 큰돈이라 일반적으로 많이 유통되지 않고 금고 깊숙한 곳에 보관할 정도의 화폐래. 화폐 인물은 아메리카 최초의 성인으로 공인된 이사벨 플로레스 올리바(1585~1617)라는 성녀야. 고행과 선교와 봉사로 큰 감동을 준 분이셔. 화폐 뒷면에는 2009년 유네스코 세계문화유산으로 등재된 아메리카 대륙에서 가장 오래된 카랄 유적지가 담겨 있어.

카드를 쓸 수 없어서, 지출할 때마다 일일이 셈하고 현금을 지불하는 게 번거로웠지만, 여행하는 나라의 역사와 문화를 화폐를 보면서 공부하는 것도 의미 있었어.

리마의 구시가지 거리의 중심부인 아르마스 광장으로 먼저 갔어. 리마의 구시가지 거리는 돌로 포장된 도로와 독특한 장식의 멋진 테라스가 있는 식민지 시대 스페인풍 건물들이 곳곳에 남아 있는 곳이야. 가장 대표적인 테라스는 '또레 따글레'야. 레이스처럼 섬세하게 조각된 목조 발코니는 분홍색 건물과 어울려 더 고풍스럽고 아름답단다.

유네스코 세계문화유산, 아르마스 광장

유럽풍 건물로 둘러싸인 아르마스 광장은 1991년 유네스코 세계문화유산으로 등록되었어. 열대 나무들이 있는 아름다운 광장에는 북쪽으로는 대통령궁, 동쪽으로는 대성당이 있고 나머지는 산마르틴 광장과 라우니온 거리로 이어진단다. 관광객들과 휴식을 즐기는 사람들로 넘쳐나는 곳이란다. 아르마스 광장에서 걸어서 5분 정

도 가면 리마에서 가장 중요한 종교 기념물인 산프란체스코 성당과 수도원이 있단다. 산프란시스코 성당은 대성당에 비해 상대적으로 규모는 크지 않지만, 지하 무덤인 카타콤으로 유명한 곳이야. 낮은 천정과 미로로 이루어진 지하 무덤 곳곳에는 해골과 뼈가 산더미처럼 쌓여 있어. 옛 성직자들과 일반 신도들의 뼈래. 지하 통로는 미로 같아서 해설하는 안내인을 따라가야 해. 카타콤 제일 안쪽에는 거대한 우물 모양의 공간에 수많은 해골과 뼈가 방사형으로 쌓여 있지.

산프란시스코 수도원은 수많은 방과 회랑이 있어. 회랑에는 대형 미술 작품과 타일화로 장식해 놓아서 멋졌단다. 특히 인상적이었던 것은 아기 예수의 탄생을 표현한 조형물과 그림이었어. 유럽식으로 만든 백인 위주의 예수상이 아니라 현지인의 문화가 담긴 예수와 마리아상이 등장한단다. 아기 예수가 탄생한 말구유도 옥수수 모양이었었거든. 아기 예수가 마리아 치마폭 밑에서 출산하는 장면도 사실적으로 표현해 충격이면서도 흥미로웠단다.

많은 사람들로 붐비는 라우니온 거리를 걷다가 발걸음을 돌려 번화한 라우니온 거리가 끝나는 곳에 있는 산마르틴 광장으로 향했어. 산마르틴이란 이름은 페루는 물론 칠레와 아르헨티나를 스페인으로부터 독립시킨 남미의 영웅이지. 이 광장엔 소매치기가 많다는 말을 많이 들었어. 어디서나 표가 나는 동양인이라, 혹시나 하는 마음에 자꾸 주변을 돌아보며 경계하게 되더구나.

그런데 광장에는 마이크에 대고 뭔가를 주장하면서 깃발을 들고 서 있는 시위대가 가득한 거야. 남미에서는 시위와 파업이 잦다는 이야기를 들었는데 여행 첫날 그 모습을 보게 되어 당황했어.

시위대 옆에는 주스를 파는 노점상, 아이스크림을 파는 행상도 있었단다. 길거리 노점에서 파인애플 주스를 파는 여인의 햇볕에 그을린 얼굴과 손을 보니 왠지 짠했어. 맨손으로 파인애플을 으깨 즙을 짜 주스를 만들어 파는 여인 옆에는 자투리 종이를 묶어 그림을 그리고 낙서를 하는 대여섯 살 되어 보이는 남자아이가 있었는데 여인의 아들인 것 같았어. 생각해 보니 우리에게도 그런 시절이 있었단다. 종이가 귀하던 시절, 달력 뒷장이나 밀가루를 포장했던 종이에 그림을 그리고 글씨 쓰는 연습을 하던 그런 시절 말이야. 아이의 엄마에게 파인애플 주스를 만들어 달라고 주문해 놓고 아이 곁에 쭈그리고 앉아 종이에 파인애플과 포도, 박 등 과일을 그려 주면서 함께 놀았어. 색연필을 가져갔더라면 색을 곱게 칠해 주고 색연필은 아이에게 주고 왔을 텐데 그렇게 하지 못해 아쉬웠지. 말은 통하지 않았지만, 만국 공통어인 그림으로 아이와 함께한 잠깐의 시간은 내게 추억이 되었어.

시위 대열과 멀리 떨어져서 리마의 전망대 산끄리스또발 언덕과 그 아래 빈민촌이 보이는 도로 끝까지 걸어갔어. 도로 옆에는 강이 있었는데 오염된 흔적이 거뭇거뭇하게 강바닥에 남아 있었어. 강을 가로지르는 다리가 놓여 있었지만 빈민가와 연결되는 곳이라 치안이 안 좋아 건너가지 못했지. 다리를 건너기 전에는 경찰관들이 감

시하거나 순찰하고 있어서 그나마 안심이 되었어. 사람이 사람을 믿고 지내야 하는데 자주 경계해야 하는 상황이 안타깝기만 했지.

대통령궁과 가까운 곳에 위치한 야외 테라스가 있는 레스토랑을 찾아갔어. 점심을 먹기 위해서야. 레스토랑 입구에 세워 놓은 메뉴판을 보고 '세비체'를 골랐어. 세비체는 익히지 않은 생선살과 해산물을 레몬이나 라임즙에 절인 다음 잘게 썬 양파와 고추, 소금, 채소, 각종 향신료를 버무려 만든 거야. 레몬은 신맛이 강해 생선을 삭힐 수도 있고 소독 효과도 있기에 우리나라의 마늘처럼 남미 요리에서는 거의 모든 요리에 빠지지 않고 사용해. 세비체는 레몬에 절여진 생선살의 감칠맛이 침샘을 자극해 좋다는 사람도 있고 향신료에서 나는 독특한 향과 톡 쏘는 시큼한 맛 때문에 싫다는 사람도 있어. 우리나라 사람들이 홍어를 삭혀서 먹듯 페루에서도 발효시켜 먹는 생선요리가 있다는 것이 흥미로웠단다.

시위 대열로 혼잡해진 곳을 피해 택시를 타고 리마의 신시가지 미라폴로레스지구로 갔어. 이곳은 약 100미터 정도 되는 해안 절벽 위에 서 있는 시가지안데, 리마의 지리적 특성인 해안단구와 절벽을 한눈에 볼 수 있는 곳이지.

전망대에서 내려다보면 해변의 모래톱은 파도가 칠 때마다 U자 모양이 되는 거야. 특이하고 아름다웠지. 벤치에 앉아 서태평양의 시원한 바람을 온몸으로 느껴 보았단다. 무엇보다 눈길을 끄는 것은 패러글라이더들의 비행이었어. 태평양에서 불어오는 기류를 타고 한 바퀴 돌기도 하고 자유자재로 하늘을 나는 그들이 부러웠지.

리마는 분지 지형의 도시라 매연이 심해 차도를 끼고 조금만 걸어도 금방 목이 매캐해졌어. 그래도 해안가를 따라 아모르 공원을 찾아 걸었어. 아모르 공원은 스페인 바르셀로나 구웰 공원에 있는 건축물을 모방해 지었대. 곡선의 형태와 화려한 색깔로 조화를 이룬 타일은 가우디의 건축 양식을 따랐어. 형형색색 타일 담이 꽃길처럼 이어지는 곳이지. 청춘 남녀나 신혼부부들이 많이 찾는 공원이라는 명성답게 남녀가 뜨겁게 포옹한 채 키스하고 있는 돌조각상이 있었어. 으슥하고 아늑한 공간이 많아 커플들이 곳곳에서 서로를 껴안고 있는 모습을 자주 볼 수 있었단다. 페루 젊은이들 사이에서는 이곳에서 첫 키스를 하면 헤어지지 않는다는 속설이 있다고 해. 아모르 공원에서 붉은 해가 태평양으로 사라지는 모습을 지켜보면서 남미 여행의 첫 하루가 꽉 채워지는 기분을 만끽했어.

판암 도로에서 본 풍경

삐스꼬로 가는 투어 버스가 새벽 5시 30분 출발했어. 작은 갈라파고스라 불리는 물개 섬 바예스따스 섬과 빠라까스 국립공원이 있는 곳을 거쳐 오후에는 이까로 가야 해서 일찍 출발해야 했거든.

리마의 새벽은 밤새 내린 비로 도로와 보도블록이 촉촉했어. 차창 밖에 시선을 고정하고 바깥 풍경을 보았지. 새벽 시간이라 도로와 시가지가 한산했어. 신시가지를 벗어나니 구시가지 산동네 풍경이 보였어. 리마의 두 얼굴이라고도 할 수 있지. 도심지의 화려한 유럽풍 전통양식 건물과 대조되는 아도베(adobe; 붉은 흙벽돌로 쌓아 올린 지붕도 창문도 없는 건물)로 이루어진 빈민촌 마을이었지. 까마득하게 높은 산꼭대기엔 나무 하나 풀 한 포기 보이지 않았어. 척박한 돌산 위에 세워 놓은 십자가는 도시 어디서나 보였지. 도로 옆에는 벽돌로 지은 집이 철근 골조를 드러낸 채로 남루한 속살을 보이고 있었어.

가로수는 가뭄으로 시들시들해진 잎이 긴급 수혈된 물로 간신히 버티고 있었어. 갈증에 목마른 나무지만 활짝 핀 꽃의 색은 선명했단다. 시 외곽도로로 접어들면서 넓은 도로가 끝없이 남쪽으로 이어지더구나. 산업도로 역할이 더 큰지 화물트럭을 많이 볼 수 있었어. 이 도로는 판암 고속도로인데 북미 알래스카에서 시작해 중미를 관통하고 남미의 칠레 남단까지 이어지는 도로야.

두 시간을 달려 잠시 쉬었던 휴게소는 아시아 마트였어. 생필품들을 깔끔하게 진열해 놓았고 과일과 피자, 빵, 음료도 팔았어. 진열대에 우리나라 과자 빼빼로, 바나나킥, 양파링이 있어 정말 반가웠어. 화장실 사용료로 1솔(35원)을 받더구나. 생수를 여섯 병이나 샀는데, 날씨가 더우니 배고픈 것은 참을 수 있어도 갈증은 참기 어려웠기 때문이야. 물은 스페인어로 아구아라고 하는데 생수를 원할 때는 미네랄 아구아를 달라고 해야 해. 그렇지 않으면 탄산수를 주기도 하거든.

휴게소를 나와 버스는 또 남쪽으로 달렸어. 도로변 양쪽으로 끝없이 노천광산 같은 풍경이 이어졌어. 우리나라 1970년대 탄광촌의 사택 같은 노동자들의 숙소도 보였지. 남미가 왜 자원 수탈의 대상이 되었는지 얼핏 이해가 되었어.

멀리서 보면 흙산 같은데 가까이 다가가 보면 온통 돌산이었어. 풀 한 포기 자랄 여건이 안 돼. 뿌연 먼지와 매연 속에 돌산은 그 자리에 있고 인간은 그 속에서 살아가고 있었어.

도로 옆 드넓은 모래밭에는 판자촌 같은 집과 비닐하우스가 있었어. 그 비닐하우스는 닭과 오리를 키우는 사육장이었어. 쉽게 말하면 사막에 양계장이 있는 셈이야. 건조하고 높은 기온이라 조류독감이나 가축 질병 같은 바이러스가 생존하기 어려워 집단으로 키워도 괜찮대. 판자촌 지역에는 물이 없어 물지게에 물을 담아 필요한 집에 돈을 받고 배달해 주는 사람도 있어.

작은 갈라파고스, 바예스따스 섬

뻬스꼬 시내에서 남쪽으로 더 내려가 엘 차꼬 항구에 도착했어.

'바예스따스 섬'으로 가는 배를 타는 선착장이 있는 곳이지. 항구 특유의 비릿한 냄새도 나고 많은 배들이 부두에 모여 있었어. 하늘은 흐려 해를 가리고 기온도 떨어졌고 바람도 불었어. 구명조끼까지 단단히 입은 뒤 배를 탔지. 하늘은 흐려 금방이라도 비가 올 것 같았어. 바다도 하늘도 온통 회색빛이었지. 그래도 한편으론 다행이라고 생각했어. 만약 햇살이 따가운 무더위 속에서 배를 탔다면 어땠을까 상상하니, 차라리 춥고 흐린 날씨인 게 훨씬 나았지.

보트를 타고 가다 보면 빠라까스 반도의 남동쪽 해안의 모래 언덕에 거대한 촛대 그림이 보여. 나스카의 지상화 그림과 닮았어. 오래전부터 뱃길을 오가는 사람들을 반겼을 이 그림의 기원과 의미는 여전히 수수께끼야. 우리나라 다도해의 기암괴석 같은 특이한 형태의 바위섬이 바다 위로 점점이 나타나기 시작했어. 바예스따스 군도야. 코를 찌르는 비린내와 독특한 냄새가 바닷바람과 함께 몰려왔어. 바닷새들이 눈 똥은 쌓이고 쌓여 섬을 하얗게 덮고 있었지.

섬에는 큰 몸집의 바다사자와 물개, 펠리컨, 바다 콘도르, 남극에만 사는 줄 알았던 펭귄도 있고 이름을 알 수 없는 온갖 바닷새들이 있었어. 해양 동물원이라고 표현해도 부족하지 않을 정도였어. 바다사자 수컷은 몸집이 커서 그런지 마치 기름으로 가득 채운 불룩한 자루처럼 보였어. 바다사자 수컷은 많게는 암컷을 20마리나 거느린대. 하지만 바다사자 새끼는 한 살이 되기 전 60%가 죽는대. 수

컷들이 고의로 죽이기도 하고 새끼들 틈에 눌려서 죽기도 하고, 수온이 낮은 페루 남쪽으로 멸치 떼를 따라 이동할 힘이 없어 죽기도 한다는구나. 그러나 가장 위협적인 존재는 인간이야. 바다사자의 모피를 탐내는 사냥꾼들의 손길을 피할 수 없어 화를 당하는 거야.

훔볼트 펭귄은 물이 매우 차갑고 물고기가 풍부한 이곳에서 약 1,000마리 정도가 살고 있대. 보트가 펭귄 무리들에게 가까이 다가가면 마치 묘기를 보여 주기라도 하듯 바다 속으로 풍덩풍덩 뛰어드는 거야. 마치 개구쟁이 아이들 같았어. 관람객들은 모두들 탄성을 지르며 사진을 찍느라 바빴지.

오랜 세월 파도에 깎이고 부딪쳐 만들어진 해식 동굴, 구멍이 숭숭 뚫린 검은색이나 흑갈색의 기묘한 모양을 한 바위도 신비했어. 해류를 따라 올라온 물고기를 먹기 위해 가마우지들이 하늘을 뒤

덮고 물속으로 다이빙하는 모습도 장관이었지. 하늘이 흐려서 섬이 더 검게 보이는 줄 알았는데 그게 아니었어. 수천수만 마리의 새들이 섬 전체를 뒤덮고 있어 새까맣게 보였어. 살아생전 그렇게 많은 새들을 내 눈앞에서 본 적이 없어.

수억만 년 동안 자연이 빚어 놓은 아름다운 풍경은 눈에 다 담을 수도 없었고 그 감동을 표현할 단어가 부족했어. 섬의 주인인 새들과 펭귄, 물개, 바위에 붙은 게와 조가비까지 모두 인간들의 호기심과는 상관없이 그들의 삶을 살고 있었단다.

이카의 와카치나 오아시스 마을, 버기카 투어

이카는 뜨거운 햇볕과 온통 황량한 모래언덕이 있는 사막 도시야. 그곳에 거대한 야자수로 둘러싸인 오아시스 마을 와카치나가 있었어. 붉은색 부겐베리아 꽃이 활짝 피어 조용한 마을의 랜드마크처럼 시선을 확 끄는 거야. 파란 하늘에서 쏟아지는 햇살이 눈부셨지. 모래 언덕으로 둘러싸인 작은 호수 주위로 키 큰 야자수와 호텔, 레스토랑, 민예품 가게들이 빙 둘러 있었어. 호수 한가운데는 물놀이를 즐기는 작은 보트도 떠 있었어. 마을이 조용하고 차분해서 야자수 아래 앉아 한가롭게 잠시 쉬었단다. 나무에 기대 앉아 있으니 마치 동화 속에 있는 것 같았어.

이곳을 찾는 여행객은 버키카를 타고 사막 투어도 하고 샌드보딩을 즐겨. 놀이공원의 롤러코스터도 겁이 많아 못 타는 내가 돈을 내고 롤러코스터 같은 사막 투어에 도전했어. 버키카는 모래땅이나 고르지 못한 곳에서 달릴 수 있게 만든 자동차야. 보통은 4륜구동인데 유난히 바퀴가 커. 버키카가 모래 언덕을 넘자마자 여기저기서 터져 나오는 비명 소리에 더 겁이 났어. 기사는 사람들이 질러대는 비명 소리에 더 신이 난 듯 짓궂게 좌우로 요동치듯 운전을 하며 속력을 냈지. 버키카는 바퀴가 모래에 빠지는 일 없이 힘 좋게 사막 언덕을 올라갔다가 날렵하게 내려왔어. 경사가 높은 곳에서 급속도로 하강할 때면 뒤집힐 것 같은데 모래를 할퀴듯 달리는 거야.

"잠깐, 여기서 쉽니다."

운전사는 사진 찍기 좋은 장소를 찾아 두세 번 멈추었어. 그 순간 안도하면서 시야에 들어오는 넓은 사막의 풍경을 보게 되지. 부드러운 모래가 응집해 단단하면서 거대한 언덕들을 만들어 놓은 모습에 감탄이 절로 나와. 날카로운 사막의 모래톱에 걸터앉으면 윗부분은 무너져 흘러내리지만, 아랫부분은 거대한 빙산처럼 끄떡없단다.

사진을 찍고 샌드보딩을 할 수 있는 장소로 이동했어. 높이 200미터는 족히 될 모래 언덕의 경사면 아래로 길쭉한 나무판자 보드에 배를 깔고 엎드려 모래언덕을 미끄러져 내려가는 거야.

누가 먼저 할 것인가? 서로 다들 겁을 내며 뒤로 물러났어. 그때

용감하게 나선 첫 번째 주자가 보드를 타고 순식간에 내려갔지. 모두들 박수를 쳤어. 점점 내 차례는 다가오는데 심장이 두근두근 요동치는 소리가 들렸어. 긴장감 때문에 침만 꼴딱꼴딱! 넘어갔지.

운전자 옆에 있던 조수가 보드에 엎드리게 하고 요령을 가르쳐 주었어. 보드 양쪽에 달려 있는 고리의 끈을 바깥에서 안쪽으로 손을 넣어 잡고, 가슴과 배를 보드에 밀착시키고 누워 다리를 쭉 뻗고 벌렸지. 내려갈 때 고개와 다리를 약간 들고 아래를 향해서 내려가면 돼. 다리를 내리면 브레이크가 작동하듯 중간에 멈춰. 그런데 중간에 멈추면 뒤집히거나 모래 언덕 중간에 파묻히게 되니 다리를 적당히 들고 속도를 조절하며 내려가야 해.

정말, 눈 딱 감고 내려갔어. 그 시간은 짧으면서도 길었지. 첫 번째 샌드보딩은 모래바람을 얼굴에 뒤집어쓰면서 끝났어. 머리카락

속에, 눈에, 입안에 고운 모래가 파고들어 서걱거렸지.

두 번째, 세 번째 샌드보딩은 자리를 옮겨 가며 점점 높고 경사진 모래 언덕을 찾아 위에서 아래로 내려갔어. 마지막 코스는 거의 절벽처럼 느껴지는 각도였어. 사막의 베드윈족처럼 온 얼굴에 터번을 두르듯 스카프로 얼굴을 감싸고 눈을 꾹 감고 내려갔지. 뒤집히지 않고 무사히 내려갔다는 안도감과 짜릿한 속도감에 황홀했단다.

나스카 가는 길

이카 시내에서 목적지 나스카까지는 버스로 3시간 정도야. 가는 길은 독특하게 돌로 이루어진 사막 지형이었어. 멀리서 보면 풀 한 포기 자라지 않는 붉은 산 같은데 가까이 가서 보면 돌산이거나 크고 작은 돌들이 알알이 박혀 있어 특이했지. 마치 콘크리트 반죽이 굳어진 것 같기도 하고 지구가 아닌 달나라 같기도 했어.

사람이 살지 않을 것 같은데도 마을이 있고 상가가 있어 반가웠어. 특이했던 것은 도로변에 무덤이 있는 거야. 꼭 시골 마을 외딴 집을 지키는 강아지 집처럼 생겼는데 지붕 위에 십자가가 있었어. 교통사고든 공사 중이었든 사람이 사망한 장소에 무덤을 만들고 추모한다고 해. 유족들도 기일이 되면 그곳을 찾는대. 그래서일까. 무덤 안에는 고인의 사진과 꽃이나 음식 종류도 보였어.

서쪽 하늘의 붉은 기운이 서서히 옅어지고 어둠이 내리기 시작한 나스카에 도착하니 저녁 7시가 넘었어.

　나스카 시가지는 밤늦게까지 상점에 불이 환하게 켜져 있고 사람들이 많이 왔다 갔다 해서 활기차게 보였어. 인상적이었던 것은 인도에 대리석처럼 반듯한 돌이 깔려 있었는데 반짝반짝 윤이 나고 깨끗했다는 점이야. 버스정류장에도 나스카 라인에 나오는 문양을 장식해 놓았어. 나스카 라인을 머릿속에 다시 각인시켜 주더구나.

풀리지 않는 수수께끼, 나스카 지상화

　나스카 지상화를 보기 위해 새벽 6시에 일어나야 했어. 경비행기를 타고 가기로 마음먹었지만, 출발 시간이 다가올수록 자신이 없어졌어. 파도에 흔들리는 배를 탈 때마다 치렀던 끔찍했던 멀미의 기억이 떠올랐지. 고민하다가 결국 경비행기 대신 버스를 타고 나스카 라인의 일부를 볼 수 있는 전망대 앞에서 내렸어. 나스카 라인의 한복판을 가로지르는 판 아메리카 도로 옆에는 20미터 높이로 설치된 전망대가 있고 1인당 3솔을 내면 올라갈 수 있어. 보호 장치라고는 난간밖에 없어 위험해 보였지만 바람이 불어 시원했어. 경비행기가 하늘을 가로지르는 모습도 보았고 사방으로 탁 트인 시야에 가슴도 뻥 뚫리는 느낌이었지. 도마뱀, 나무, 손 그림 정도만 볼 수 있었어. 라인은 표면의 자갈을 걷어 내고 흙을 파낸 후 밝은 색의 흙을 넣고 다진 것으로 보였단다.

왜 사막에 이런 그림을 그렸을까? 궁금증이 해결되지는 않았지만 그래도 직접 가까이서 보니 나스카 라인이 어떻게 만들어졌는지 확인할 수 있어서 다행이었고 경비행기를 타지 못한 아쉬움도 달랠 수 있었단다.

☀ 나스카 라인- 나스카와 후마나 평원의 선과 지상화

나스카(Nazca)는 원래 '아픔'이라는 뜻이다. 잉카 시대에 이 지역은 척박한 유배지였다. 이곳에서 우물을 발견한 유배자들이 농사를 짓고 마을을 형성하자, 잉카 왕이 군사를 보내 주민들을 모조리 죽였다는 이야기가 전한다.

나스카 문명은 잉카 문명에 앞선 A.D. 100~800년경 페루 남부 해안의 사막 지대에서 발달했다. 흙·풀·자갈을 활용한 건축 기술과 더불어 뛰어난 직조 기술과 토기 제작 기술을 가졌다. 또 나스카 사막에 새겨둔 기하학적 무늬와 동물 조각, 일명 '나스카 라인'이 유명하다. 현재까지 300여 개가 남아 있고, 단순한 선 조각은 800개가 넘는다. 조각의 크기는 3~4미터부터 시작하여 큰 것은 300미터에 이른다. 온전한 형태는 비행기에서 내려다봐야 볼 수 있다.

나스카 라인은 1920년대에 리마와 페루 제2의 도시인 아레끼빠 사이에 정기 항공 노선이 생긴 후 처음 알려지기 시작했다. 유네스코 세계유적으로 등재된 공식 명칭은 '나스카와 후마나 평원의 선과 지상화'다. 나스카 사막의 산화철을 함유한 작은 흑갈색 자갈돌을 걷어내고, 그 밑에 30cm 깊이의 홈을 파서 황색 모래가 드러나도록 하여 그렸다. 나스카 라인이 아직도 그 형태를 유지할 수 있는 이유는 사막의 연평균 강수량이 20mm 정도에 그치기 때문으로 추정한다.

나스카 전망대에서 가까운 도로변에 있는 마리아 레이체 박물관에도 들렀어. 나스카 지상 라인을 최초로 연구한 역사학자 폴 코소크의 조수로 시작해서 나스카 라인 연구에 평생을 바친 마리아 레이체 박사의 흔적과 발굴 과정에서 찾은 유물도 함께 전시해 놓은 곳이야. 그녀가 살아생전 연구를 위해 타던 낡은 자동차와 생활하던 모습까지 재현해 놓았더구나. 노인이 된 레이체가 빗자루를 든 모습의 사진이 인상적이야. 처음에 사람들이 그녀를 잘 모를 때는 사막에서 빗자루 들고 다니는 마녀라고 오해하기도 했대. 레이체는 수학자답게 아주 꼼꼼하게 모든 라인의 의미를 조사하고 기록했어.

1955년 페루 정부가 안데스 동쪽의 아마존 강물을 이곳으로 끌어 들이려고 하는 관개 공사를 계획한 적이 있어. 이때 레이체는 모든 수단을 동원해 공사를 막아 나스카 지상화를 보존했단다. 또 스위스의 에리히 폰 데니켄이 쓴 책《신들의 전차》가 베스트셀러가 되었을 때도 그녀는 나섰단다. 이 책의 내용은 태고에 대기권 밖에서 지적 생명체가 지구로 찾아온 적이 있는데 나스카 문양은 그들이 우주선을 착륙시키기 위한 임시 정류장이었다는 대담한 억측이었어. 책을 읽은 사람들이 외계인의 흔적이라는 지상화를 보기 위해 몰려들었지. 사람들이 몰려들어 지상화가 망가질 위기에 처하자 레이체는 독일에 있는 동생의 도움을 받아 자비로 전망대를 세웠단다.

레이체는 결혼도 하지 않고 평생 가난에 허덕이며 지상화 연구와 보존에만 힘썼어. 그의 유일한 혈육이었던 동생은 의사였는데 언니에게 생활비를 부쳐주었다고 해. 나중에 동생도 언니를 도우러 와서 일하다가 레이체가 떠난 후 같은 곳에 묻혔지. 박물관 정원에 묻힌 레이체의 무덤은 봉분이 없고 평평해. 갈색 묘비에는 레이체의 영혼을 편안한 곳으로 인도해 주기를 바라는 마음이 담긴 콘도르 새가 새겨져 있단다.

레이체의 집념과 열정이 느껴지는 박물관을 돌아보고 나오며 생각했단다. 이렇게 묵묵히 가치 있는 일을 하다가 삶의 흔적을 남기고 갈 수 있으면 얼마나 좋을까.

황량한 사막 위의 차우치야 공동묘지

나스카 라인의 북서쪽에 위치한 차우치야 묘지는 시내에서 $30km$ 떨어져 있어. 귀중한 유물인데 사막 한가운데 허름하고 쓸쓸하게 산재해 허술하게 관리되는 것 같아 안타까웠어. 울타리도 없고 마음만 먹으면 도굴할 수도 있겠다는 생각이 들었거든.

돌과 흙벽돌로 벽을 쌓은 지하 무덤에는 백골이 된 미라가 쪼그려 앉아 있더구나. 다양한 색채의 망토로 감싼 미라와 유골들은 기괴한 분위기였어. 바짝 말라붙은 피부와 머리카락, 생생한 표정을 그대로 지녔거든. 현지 가이드가 영어로 설명해 줬는데 미라를 만들 때 고춧가루와 오렌지 등으로 방부제를 만들어 사용했대. 태어나서 한 번도 머리를 깎지 않았던 걸까. 머리카락이 미라의 키보다 더 긴 것도 있고 총총 땋아 길게 늘어뜨린 것도 있었지. 미라는 태양신을 섬긴 탓에 동쪽을 바라보고 있었고, 내세에 환생을 바라는 믿음 때문인지 마치 태아처럼 웅크리고 앉아 있었단다.

미라가 있는 무덤 주변은 바람에 의한 풍화 작용 내문인지 하얀 뼛가루가 날려 모래 사이에 섞여 있었지. 섬뜩하고 무섭다는 생각을 하기엔 태양이 너무 작열했어. 어두컴컴하고 밀폐된 공간이라면 공포감을 느끼겠지만 광활한 사막에서는 무덤덤했단다. 돌아오면서는 미라들의 안식을 기원하며 삶과 죽음에 대해 생각해 볼 수 있었지. 다가올 죽음이 두렵기는 하지만 중요한 것은 지금 이 순간을 의미 있게 사는 거라는 생각을 했어.

나스카에서 리마로 오는 길에 만난 풍경과 석양

나스카에서 리마까지는 버스로 일곱 시간 정도 걸려. 어제 왔던 그 길로 다시 가게 되었어. 어제와는 반대 방향으로 자리에 앉았더니 또 새로운 것들이 보이더구나. 돌로 된 산들은 날카로운 결을 가지거나 거친 자갈들로 구성되어 있어 나무들이 도저히 자랄 수 없는 척박하고 황량한 모습이었단다. 거대한 돌산을 뚫고 길을 냈지만, 구불구불 위험해 보였어. 그런 도로에서 강도를 만나면 속절없이 당할 수밖에 없을 거야. 강수량이 적고 토질이 척박해 나무가 자라기 어려운 곳은 사람도 살 만한 곳이 못 돼 보였어. 가끔 도로변에 흙먼지를 뒤집어쓴 흙벽돌집을 보면 어쩐지 더 초라해 보였단다.

창밖으로 본 풍경 중 인상 깊었던 것은 도로변에 있는 추모공원이야. 우리나라에서 이런 공간은 외곽에 뚝 떨어져 있잖아. 그런데 도시 한복판에 아파트형 묘소를 조성해 울긋불긋한 꽃들로 장식하고 밝은 색으로 칠해 놓은 거야. 죽은 자를 기억하는 집인 추모공원의 담장이 붉은색인 것도 인상 깊었어.

도로변이나 시가지에도 십자가가 있는 작은 집 모양의 추모소가 있었어. 처음 황량한 사막 도로변에 십자가를 달고 있는 제각각 다른 모양의 집들을 보고 무척 신기하고 그 용도가 궁금했지. 어떤 집은 지붕을 파랗게 벽을 분홍색으로 칠해 놓았고 나무를 심어 놓기도 했어. 안을 들여다보면 대체로 꽃이나 물, 사진, 와인, 음료수들이 들어 있고 십자가나 성물로 장식되어 있더라.

추모소가 집 모양인 것은 고인이 다시 환생할 것이라는 잠재의식이 표현된 것이라고 봐. 옛 잉카인들은 환생을 믿어 미라를 만들었거든. 스페인 정복자들이 가져온 가톨릭에서는 환생을 이야기하지 않아. 추모소는 가톨릭이 들어와 토착 신앙과 결합된 형태로 봐야 할 거야. 그래도 시가지 외곽에 있는 추모소는 이해하지만, 시내

중심가의 상가가 밀집해 있는 도로변에 있는 추모소는 이해하기 어려웠어. 우리나라라면 혐오스럽다고 절대 설치하지 못하게 했을 거야. 삶과 죽음을 같은 공간에 두는 문화를 수용하는 사회적 합의가 됐기 때문에 가능한 거라고 봐.

리마가 가까워질수록 어둠이 만들어 주는 바깥 풍경을 감상하는 즐거움도 있었어. 소철, 야자수 등 열대 식물은 가로수 불빛을 받아 이국의 정취를 보여 주고, 산비탈을 촘촘하게 메운 허름한 집은 어둠이 만들어 준 검은 휘장에 노랗고 하얀 빛으로 수를 놓고 있었단다. 숙소에 도착하니 저녁 여덟 시가 다 되었어. 해발 3,400미터인 쿠스코 진입을 앞두고 몸에 어떤 변화가 올지 몰라 긴장되어 막연한 두려움이 스멀스멀 올라와 밤잠을 설쳤단다.

쿠스코로 가는 하늘길

리마에서 아침 비행기를 타고 1시간 10분 정도 걸려 쿠스코로 날아갔어. 쿠스코까지 가는 동안 비행기에서 내려다본 풍경은 멋졌지. 안데스 산맥의 한 부분일 거대한 암적색 돌로 된 봉우리들, 흰 눈이 쌓인 우뚝 솟은 산들, 그 아래로 보이는 에메랄드빛 작은 호수, 구름이 만들어 낸 바다 같은 운해는 한 폭의 그림이었단다. 쿠스코 공항이 가까워지며 고도를 낮춘 비행기 안에서 본 풍경은 마치 다른 세상 같았어. 도시를 둘러싼 푸른 산과 붉은색 지붕의 하얀 벽으로 된 낮은 집들이 반듯하게 열을 지어 조화를 이루고 있었지. 그 감동을 어떻게 표현해야 할까. 예쁜 곳이라고 단순하게 평하기에는 뭔가 압도하는 힘이 있었단다. 그것이 쿠스코에서 받은 첫인상이야. 그런데 쿠스코 공항에서 내려 밖으로 나오자 뜨거운 햇살이 잉카의 혼처럼 다가와 감싸는 것 같았어. 그 느낌은 특별했지. 뭔가 모를 답답함과 무거워지는 발걸음, 발걸음을 재촉하면 숨이 차기 시작했어. 천천히 걸으면 그나마 견딜 만했지. 그것은 고산 지대에 와 있다는 신호였어.

☀ 고산병

고산증이란 고도가 높아짐에 따라 뇌로 유입되는 산소가 부족해져 생긴다. 보통 2,400미터 이상 높이에서 나타난다. 일반적으로 다리와 발이 붓고, 구토나 몸살 기운, 어지러움, 두통, 불면 증세가 나타난다. 보통 고도가 높은 지역에 도착한 지 6시간에서 4일 안에 일어난다. 몸이 적응할 때까지 2~5일 정도 지속되기도 한다. 편안하게 휴식하거나 최대한 천천히 움직이며 숨을 고르는 것이 좋다. 음식 섭취량을 줄이고 술을 먹어서도 안 된다. 과식과 운동도 금해야 하지만 특히 알코올은 혈액 순환을 빠르게 하기 때문에 더 위험하다. 산소가 부족한 곳에서 따뜻한 물로 샤워를 하면 몸 안에 있던 수분마저 날아가 버려 더 쉽게 산소 부족을 느긴다. 고산병은 심할 경우 산소를 공급해 주어야 한다. 그렇지 않으면 5~10%는 폐부종이나 뇌부종으로 진행된다. 치료를 하지 않으면 사망에 이를 수도 있다.

쿠스코 골목에서 만나는 잉카의 숨결

쿠스코는 안데스 산중에 위치한 해발 높이가 3,400미터나 되는 고산 도시야. 13세기 초에 건설되어 16세기 중반까지 중앙안데스 일대를 지배한 잉카 제국의 수도였지. 전설에 따르면 첫 잉카인인 태양의 아들 망고 카팍이 태양신인 아버지 타이타 인티로부터 '쿠스코'라 불리는 지구의 배꼽을 찾는 임무를 부여 받았대. 배꼽을 찾는 방법은 황금 막대기를 던져 사라지는 곳을 찾는 것이었어. 그렇게 해서 찾은 곳에 세워진 도시가 '쿠스코'야. 1533년 잉카 제국을 침략한 피사로와 스페인 정복자 역시 잉카의 거대한 신전과 건물, 잘 정돈된 거리를 보고 놀랐다고 해. 지금 쿠스코는 스페인 침략 이후 기존의 잉카 건축물은 대부분 훼손되고 유럽 건축 양식으로 지은 건물들이 그 자리를 대신하고 있단다.

도심 가운데 있는 아르마스 광장을 찾아 구불구불 경사진 계단을 내려갔지. 계단의 길이를 늘여서 재면 거의 200미터는 넘지 않을까 생각했어. 이 길을 다시 힘들게 올라와야 된다고 생각하니 내려가면서 다리에 힘이 풀리는 거야. 고산증 때문에 어지럽고 숨이 차서 더 그랬지. 그래도 계단과 계단으로 연결된 골목길 사이사이에 기념품 가게나 작은 레스토랑이 있어서 그곳을 기웃거리는 재미가 있었단다.

　높은 담과 두꺼운 벽으로 둘러싸인 길은 형태가 비슷해 생각 없이 다니다 보면 길을 잃을 수도 있어. 스페인 정복자에 의해 재정비된 쿠스코는 아무래도 지중해식 기후에 적응하기 위해 만들어진 스페인식 건축 양식의 영향을 받은 듯했어. 오래 전에 갔었던 스페

인 톨레도의 골목길과 쿠스코의 골목은 닮은 점이 많았거든.

　우선 지중해식 주택 건물의 특징은 폐쇄적이야. 뜨거운 햇살을 피하기 위해 높은 담을 쌓고 대문을 굳게 닫아 놓기 때문에 밖에서 안을 볼 수 없거든. 닫힌 대문을 봐서는 그 집이 잘사는 집인지 그렇지 않은지 구분이 안 가. 겉모습은 절대 화려하지 않아. 단순하고 소박한 경우가 많지. 대문을 열고 안에 들어가면 화려한 정원과 분수가 있는 집들이 많아. 이런 주택 구조는 외부인의 침략을 막는 데도 유리하겠지. 전쟁이 일어났을 때 아군이 공격하거나 재빠르게 후퇴하려면 미로 같은 골목길도 필요했을 거야. 그리고 이런 골목길은 그늘이 져서 뜨거운 햇살을 피하는 데도 도움이 된단다.

프레콜롬비노 박물관

　아르마스 광장을 찾아 가다가 먼저 '프레콜롬비노 박물관'에 들렀어. 20솔을 내고 들어가 옛 잉카 문명의 유물을 보았어. 옛 잉카인이 남긴 예술품을 직접 만날 수 있어서 감동이 컸지.

　프레콜롬비노 박물관은 잉카 문명을 비롯해 나스카, 모체, 우아리, 치무 문명에서 나온 장식품과 토기를 전시하고 있는 곳이야. 박물관 입구에는 본격적으로 관람하기 전에 페루의 역사와 문화, 전시된 유물에 대한 간단한 설명을 들을 수 있도록 영상물을 보여 주는 곳이 있어. 영상물 속에서 본 인상적인 장면은 최초로 발굴된 모체 시대 통치자 무덤 모습이었어. 1987년 페루 북동부 트루히요의 람바예케 계곡에 위치한 시판 지역에서 발견된 이 무덤은 흙벽돌로 지어진 두 개의 거대한 피라미드였지. 시판 왕은 맨 위에서 황금 홀을 쥐고 있는 모습으로 발견되었어. 세 명의 부인, 두 명의 전사, 한 명의 파수꾼과 다리가 잘린 문지기, 두 마리의 야마(또는 라마)와 개가 함께 순장되어 있었다고 해. 왕은 황금으로 만든 옷, 왕관, 목걸이, 보석을 모자이크한 귀걸이, 조개껍데기로 만든 가슴 장식 등 수많은 부장품으로 덮여 있었대.

박물관 유물 중에서 가장 눈에 띄는 문양은 펠리노였어. 펠리노는 안데스 고대 문명에서 퓨마나 재규어를 포함한 고양이과 동물을 말해. 석조물, 토기, 그림, 조각 등 곳곳에서 표현된 펠리노의 모습을 볼 수 있지.

전시실을 돌아보며 다양한 모양의 토기에서도 눈길을 뗄 수 없었단다. 모양도 독특하지만 화려한 색채가 너무 예뻤어. 특히 붉은색 토기인 케로는 현재 페루와 볼리비아 사이에 있는 티티카카 호수의 고원에서 시작된 티아우아나코 문화의 대표적인 유적이야. 이 케로는 나무로도 많이 만들어 잉카 시대에 발효 음료인 치차나 피를 담아 봉헌하는 중요한 도구로 썼대.

그밖에 황금으로 만든 반달 모양의 제의용 칼 투미와 항아리와

섭시, 기하 무늬의 식물 등 수많은 선시물을 통해 안네스 문화의 흐름을 이해할 수 있었어. 뛰어난 색채감을 가진 안데스 문명은 굉장히 예술성이 뛰어난 문화였어. 그 세련됨은 요즘 예술가들이 만든 작품이라 해도 믿을 거야. 고대인이 만들었다는 생각이 들지 않을 정도로 감각이 살아 있었거든. 처음 박물관 전시실에 들어오기 전 본 영상물 뒷부분에서 20세기 최고의 화가인 피카소, 마티스, 고흐, 고갱, 샤갈 등 여러 화가들의 그림을 소개했어. 스페인어를 몰라 자세히 알 수는 없지만 그것은 아마 잉카의 색채가 그 화가들에게 예술적 영감을 주었다는 내용일 거라 짐작하며 박물관을 나왔단다.

12각 돌로 보는 잉카인의 솜씨

'프레꼴롬 비노 박물관'을 나와 잉카인의 돌을 다듬는 정교한 솜씨를 볼 수 있는 '12각의 돌'을 찾아 걷다보니 많은 사람이 모여 있는 곳에 있었어. 골목엔 크기와 모양이 다른 돌을 조금씩 엇갈리게 쌓은 벽이 이어졌어. 똑같은 모양의 벽돌을 일렬로 맞춰 쌓는 현대의 방식과 달랐어. 모양이 각기 다른 돌의 생김새에 따라 6각, 8각 등으로 각을 맞추어 쌓았더구나. 그중 최고는 종교예술박물관의 12각 돌로 만든 벽이었어. 정말 12각일까? 손으로 짚어 가며 세어 보니 정확히 12각이 맞더구나. 그런데 돌과 돌 사이엔 바늘 하나

들어가지 않을 정도로 빈틈이 없는 거야. 촘촘히 쌓아 올린 돌은 수백 년의 세월이 지나도 처음 모습 그대로인데 대지진에도 무너지지 않았대. 잉카인들의 돌을 다루는 솜씨가 놀랍기만 했어.

인디오 전통 복장으로 꾸민 현지인은 팁을 받고 사진을 함께 찍어 주는 모델이 되기도 해. 돌담길을 천천히 걷다 보니 이곳을 걸었을 옛 잉카인의 혼과 교감하는 느낌이었어.

쿠스코 대성당

스페인 정복자는 잉카 제국의 비라코차 신전을 헐고 그 위에 새로운 성전을 지었어. 대성당은 붉은 벽돌의 외형부터가 웅장해. 1550년부터 짓기 시작해 완공까지 100년이 걸린 남미의 대표적 건축물이야. 지붕 위에 있는 종은 크기도 크지만 소리도 맑고 파장도 은은했어. 성당 입구에 성모상이 서 있고 성당 안에는 금과 은으로 장식한 제단과 그림들로 가득해. 안토니 반다이크의 작품으로 알려진 예수의 초상화도 있고 원주민 피부색을 한 그리스도상과 수많은 성인의 조각상이 있어. 성가대석의 장식 또한 원주민의 모습과 안데스 특산물이 조각되어 있으며 성경의 한 장면을 그려 놓은 그림 속 여성도 원주민 얼굴이야. 여성이 등에 업은 아기도 원주민 방식으로 만든 알록달록한 보자기에 싸여 있었어.

가장 유명한 그림은 마르고스 사파타가 그린 〈최후의 만찬〉이야. 레오나르도 다빈치가 그린 최후의 만찬과는 다른 모습이었어. 중앙의 메인 요리는 원주민의 대표 음식인 기니피그로 만든 꾸이고, 과일은 안데스 산지에서 나는 그라나디야를, 와인 대신에 원주민이 옥수수로 만든 전통주인 치차를 그렸어. 그림 오른쪽 아래엔 예수를 배신한 유다가 있는데, 사파타는 유다의 얼굴에 잉카 제국을 멸망시킨 피사로의 얼굴을 그려 넣었지. 정복자에 대한 원주민의 원망과 울분을 예술로 희화시켜 표현한 거야. 이 그림은 라틴아메리카의 정체성을 표현하는 최고의 명작으로 꼽기도 해. 그림에는 창 밖에 헬리 혜성도 보여. 이 때문에 그림이 그려진 연대를 1758년이라고 추정할 수 있게 되었대.

스페인 정복자들은 잉카의 신전을 부수고 그 위에 성당을 짓고 그들의 종교를 강제로 주입시켰어. 하지만 그 위에 원주민의 문화를 덧씌운 것은 순전히 사파타라는 화가의 공이 크다고 봐야겠지. 그는 유럽인과 원주민의 혼혈인 메스티조인데, 작품 속에 잉카인의 모습을 충실히 반영하고 쿠스코 예술학교를 세우는 일에도 앞장섰대. 오늘날 페루 전역의 오래된 건축물에 원주민의 생활상이 반영된 회화가 보존될 수 있는 것은 그의 영향이래.

성당 안에 있으면 자연히 그 엄숙함에 동화되어 경건한 마음이 된단다. 하지만 하나님의 사랑과 인류의 평화를 앞세우며 뒷전으로는 선량한 원주민을 학살하고 파괴를 일삼으면서 그것이 하나님의 뜻인 양 왜곡하고 합리화한 정복자들의 그릇된 가치관을 어떻게 받아들여야 할지 쉽게 판단이 서지 않았단다.

※ 잉카 제국의 멸망

잉카 제국의 영토를 지금의 콜롬비아에서 칠레의 중부까지 확장시킨 '투판 유판키' 황제는 전령으로부터 리마 해안가에 잉카 전설에 나오는 '비라코차'를 닮은 백인들이 상륙했다는 소식을 들었다. 하지만 후계자를 정하지 못한 상태로 원인을 알 수 없는 병에 걸려 갑자기 사망한다. 후임 황제를 정하기 위한 귀족 회의에서 적자이며 장자인 '후아스카르'가 태양을 섬기는 처녀를 사랑한 것이 문제가 되었으나 황제로 책봉되었다. 그러자 서자인 '아타우왈파'는 후아스카르가 잉카법을 어긴 것을 구실삼아 반란을 일으켜 후아스카르를 죽이고 잉카 통치자가 되었다.

침략자 '피사로'가 쿠스코까지 와서 스페인 왕의 사절단이라며 만나기를 원하자 아타우왈파는 그들을 비라코차 신으로 잘못 이해해 친구이자 형제로 맞이하겠다는 뜻을 전했다. 아타우왈파는 피사로를 영접키 위해 돌망치로 무장한 10만 명의 잉카 병사들과 호위대의 삼엄한 경호 속에 약속 장소에 나갔지만, 총칼로 무장한 168명의 군인을 약속 장소에 미리 잠복시켜 놓은 피사로는 기습적으로 공격을 가해 혼란에 빠진 잉카 병사들을 학살하였다.

아타우왈파는 피사로에게 사로잡혀 사기가 갇힌 방을 가득 채울 만큼 황금을 줄 테니 살려 달라고 사정했다. 그 방은 넓이가 6미터, 높이가 7미터나 되었다. 피사로가 허락하자 두 달 만에 황금 200상자, 은 20상자, 보석 60상자가 모였다. 피사로는 그것을 받고도 약속을 지키지 않고 아타우왈파 황제를 목 졸라 죽였다. 이후 스페인군의 꼭두각시로 황제에 오른 망코 황제는 기회를 엿보다가 수십만 명을 동원해 봉기했으나 실패하였다. 그는 우루밤바강 기슭의 빌카밤바 요새로 도망가 스페인군에 맞섰지만 그마저도 함락되었다. 끈질기게 저항하던 망코 황제가 살해되고 1571년 마지막 황제인 투팍 아마루가 스페인군에 처형되자 40여 년에 걸친 잉카인들의 저항은 막을 내렸다.

《총, 균, 쇠》의 저자 재레드 다이아몬드는 잉카 제국이 어이없이 패배한 원인을 잉카인이 스페인에서 온 백인 침략자를 창조신인 비라코차의 현신으로 착각해서가 아니라 스페인의 총과 쇠칼, 창과 같은 예리한 무기와 말에 저항할 수 없을 정도로 무기력했고, 스페인 이주민이 퍼트린 천연두에 대한한 면역력이 없었으며, 정확하고 자세하게 정보를 전달할 수 있는 문자와 중앙 집권적 정치 조직이 없었기 때문이라고 분석했다.

대성당 옆의 라 콤파니아 데 헤수스 교회 건물도 매우 아름답더구나. 이곳에서도 미사가 열리고 있었어. 잉카의 후예는 자신들을 정복한 세력이 들여온 종교에 완전히 녹아든 것처럼 보였어. 이제는 예수가 이 땅에 와서 이루려고 했던 사랑과 평화가 모두를 구원할 수 있기를 바랄 뿐이야. 저녁 6시, 성당에서 들려오는 종소리가 아르마스 광장을 넘어 사방으로 퍼져 나갔어.

많은 사람들이 모여 있는 대성당 계단에 앉아 아르마스 광장을 바라보았단다. 분수대 위에 서 있는 황금 동상이 보였어. 잉카 제국 최고 전성기의 황제였던 파차쿠텍의 동상이었지. 페루는 번영을 누렸던 그 시절을 그리워하며 짓밟힌 자신들의 역사를 되새기고 있는지도 모르겠어. 활기차 보이는 곳이지만 한편으론 쿠스코라는 도시가 가진 역사적 정체성의 무게를 상징적으로 보여 준 곳이라고 생각했어.

잉카의 아픔이 서린 삭사이와만

쿠스코의 아침은 푸른 하늘을 쳐다보는 것으로 시작했어. 아침부터 햇살이 따가웠지만 가까운 곳에 삭사이와만이 있어 그곳부터 먼저 가기로 했단다.

삭사이와만은 쿠스코 시내보다 300미터 정도 더 높은 해발 3,700미터쯤에 있어. 그래서 언덕을 올라갈 때 더 숨이 차고 힘들어 천천히 한 걸음씩 올라가야 해. 삭사이와만은 옛 잉카 제국 때 쿠스코의 동쪽을 지키던 견고한 요새 역할을 한 성채로, 남미 3대

축제인 인띠 라미 태양의 축제가 열리는 곳이야. 삭사이와만으로 오르는 골목길은 가파른데 바닥에 돌이 촘촘하게 깔려 있어. 수백 년이 흐르는 동안 얼마나 많은 사람이 지나다녔는지 돌로 된 바닥이 반질반질 해. 먼 옛날 잉카인은 독수리, 퓨마, 뱀이 각각 하늘과 땅과 지하를 지배한다고 믿었대. 그래서일까 골목을 걷다 보면 대문에 퓨마, 콘도르, 뱀 등을 그려 놓은 집들이 보였어. 예술이라기엔 소박하고 낙서라기엔 완성도가 높은 그림으로 보였단다.

쿠스코의 뒷산인 삭사이와만이 한때 피바다가 되었던 적이 있어. 황금을 바치고 목숨을 살려달라고 했던 아타우알파를 처형한 피사로는 그의 동생 투팍우알파를 왕으로 세웠지만 2개월 만에 죽자 17세인 망코 유판기를 꼭두각시 황제로 내세웠는데, 그가 바로 망코 2세야. 스페인군의 도움으로 황제가 된 망코 2세는 내부의 반대 세력과 적대적이었던 외부의 부족들도 정리하면서 잉카 제국의 안정을 위해 노력하다가 결국은 스페인군과 전투를 벌이게 되었어. 무기의 수준이 턱없이 열악했던 잉카 군대는 식량과 식수도 바닥나고 사기도 떨어져 스페인군에게 처참한 패배를 당했지.

삭사이와만 신전에서 시신을 풍장하면 콘도르가 죽은 자의 영혼을 하늘로 데려간다고 믿었던 옛 잉카인들은 스페인군에게 살육당한 수많은 시신을 바라보며 무슨 생각을 했을까. 그래도 저항하고 자유를 찾으려고 했던 잉카인의 정신은 정복자에게 깊이 각인되었을 거야.

삭사이아만은 군사적 목적뿐만 아니라 태양신에게 제사를 지내는 신성한 장소여서 높은 언덕 위에는 운동장 같은 넓은 공간이 있어. 지금도 이곳에서는 매년 6월이면 인띠 라미 태양의 축제가 열려. 그래서일까 많은 현지인들도 이곳을 성지처럼 여기며 찾고 있었어. 단체로 온 학생들도 보이고 어린아이와 함께 온 가족도 보였어.

삭사이와만 높은 언덕 위에는 나무가 한 그루 있었고 쉴 수 있는 의자가 놓여 있었어. 그곳에 앉아 쿠스코 시내를 내려다보니 붉은 기와로 빼곡한 집들이 파노라마처럼 펼쳐졌어. 그 옛날 잉카인이 쿠스코를 세상의 배꼽이라 믿었던 것이 이해가 되더라.

건너편 언덕 꼭대기 위에는 쿠스코 시내를 굽어보고 품으려는 듯 두 팔을 벌린 거대한 예수상이 서 있어. 예수상이 있는 자리는 피사로가 삭사이와만 전투에서 승리한 뒤 가톨릭으로 개종하지 않은 잉카인들을 학살한 장소야. 훗날 이에 대한 참회의 뜻으로 페루 교회에서는 이 장소에 죽은 영혼들을 위로하기 위해 흰색의 예수상을 세우고 평화의 공원이라 이름 붙였지. 인류의 모든 종교가 서로 화합하고 존중하며 평화롭게 지내기를 간절히 기원하며 언덕을 내려왔단다.

☀ 인티라미(Inti Raymi: 태양신 라미) - 태양의 축제

태양의 축제인 인티라미는 매년 6월 24일에 열린다. 브라질 리우의 삼바 축제, 볼리비아의 오루로 카니발과 함께 남미 3대 축제로 꼽힌다. 원래 이 축제는 잉카인들이 쿠스코 중앙 광장 자리에서 역대 왕의 미라를 모시고 제례를 지내던 종교 의식이었다. 죽은 조상을 추모하며 제사를 지내는 방식은 유교 문화권인 우리와 비슷하다. 하지만 이를 이단으로 여긴 스페인 정복자들은 왕의 미라들을 리마에 보내 지하 묘지에 묻고 축제를 금지시켜 버렸다.

인티라미는 그 후 500년이 지난 1944년에 부활되었다. 잉카 시대의 복장을 한 황제와 전사들, 여인들이 등장하고 태양신을 위한 상징적 희생 의식과 뿔피리, 께냐, 나팔 등을 앞세운 춤판과 행렬이 펼쳐진다. 태양신에게 금팔지를 바치는 의식을 하고, 황제가 황금 잔에 따라진 치차라는 술을 마시면 마의 심장에서 떨어지는 피를 제사장이 빵에 묻혀 나눠 먹으며 그해 농사의 결과를 예측하고, 길흉을 점치는 행사를 하며 마무리한다. 해마다 10만 명 이상이 이 축제를 지켜보는데 하루 축제에 몰려드는 관광객 수로는 최고라고 한다.

산토 도밍고 성당(코리칸차 신전)

잉카 제국 때 태양의 신전이었던 코리칸차로 가기 위해 택시를

탔어. 이곳은 잉카 시대에 태양의 신전이었는데 스페인 정복자들이 이곳을 허물고 산토도밍고 성당을 세웠지. 케추아어로 '코리'는 황금을 뜻하고 '칸차'는 울타리란 뜻이래. 이름 그대로 코리칸차의 벽은 황금으로 덮여 있었고, 광장에는 황금으로 만든 나무와 식물, 동물 조각으로 꾸며져 있었대. 이 같은 사실은 스페인 군대를 따라 쿠스코에 왔던 학자들이 남겨 놓은 자료에서 밝혀졌어.

입장 마감 시간이 오후 5시 30분까지라 서둘러야 했어. 마음은 바쁜데 택시는 미로 같은 골목과 대로를 지나 한참을 걸려 도착했지 뭐야. 아직도 잉카 시대의 검은색 바위들이 단단한 벽의 일부가 되어 있는 성당은 유서 깊은 세월의 흔적을 뿜어내듯 군데군데 검게 보였어.

코리칸차 신전 앞에 서면 두 개의 문이 있어. 오른쪽 문으로 들어가면 성당 내부를 볼 수 있고 왼쪽 문으로 들어가면 코리칸차 신전을 볼 수 있단다. 성당부터 관람하고 나와 코리칸차 신전 입장권을 끊으려고 하니 마감 되었다고 안 된다는 거야. 난 포기할 수 없었어. 출입문을 지키고 있는 직원에게 통사정을 했지. 먼 코리아에서 왔고, 택시를 타고 방금 도착했다며 "플리즈! 플리즈!"를 외쳤지. 간단한 단어지만 "라운드"라는 말과 함께 손가락으로 원을 그리며 한 바퀴 돌아보고라도 나올 수 있게 해 달라고 했어. 직원은 안 된다며 영어나 스페인어로 설명하기 때문에 알아들을 수도 없다는 거야. 그래도 문제없다며 간절한 눈빛으로 부탁했지. 지성이면 감천이라고 야박하게 거절했던 직원은 들어오라고 손짓을 하는 거야. 나는 입장권을 사려고 준비했던 돈을 그에게 건네고는 잰걸음으로 신전으로 들어갔어.

입구 회랑에는 식민지 초기 선교 과정을 그린 그림이 벽에 걸려 있었고, 가까운 방에도 가톨릭 성화가 걸려 있었지. 정복자 피사로가 종군 신부 루께와 함께 잉카의 마지막 황제 와딸파를 만나는 장면, 잉카를 점령한 다음 원주민들에게 기독교를 믿게 했던 과정, 원주민들의 종교 의식인 인신 공양 모습 그림도 있었어.

회랑을 따라 걷다 보니 바닥에는 레고처럼 암수로 절묘하게 끼워 맞출 수 있게 만든 벽돌 모양의 돌들이 진열되어 있었어. 잉카인의 건축은 청동으로 만든 꺽쇠를 박아 충격을 흡수하도록 했기 때문에 지진도 견딜 수 있었대. 1650년과 1950년의 대지진 때 스페인이 지은 성당 건물 일부는 크게 무너졌지만 잉카의 신전은 끄떡없었다고 해. 잉카 제국이 스페인 침략자에게 무너지지 않았다면, 그 당시 문자가 있어서 기록으로 남겼다면 그들이 가진 뛰어난 석조 기술은 오늘날에도 이어졌을 텐데 아쉬웠어.

신전의 광장은 달, 태양, 번개, 무지개, 별의 방이 둘러싸고 있었는데, 스페인 침략자들이 신전에 있던 황금을 전부 녹여서 막대 형태로 만들어 가져갔다고 해. 불길에 녹아 사라진 그 많은 황금 장식은 얼마나 화려한 모양이었을까. 다시 볼 수 없기에 더 궁금해.

침략자의 욕심 때문에 인류의 소중한 황금 문화유산을 잃은 것 같아 아쉬움을 안고 발걸음을 돌렸단다.

친체로 마을

쿠스코 북쪽에는 친체로 마을이 있어. 해발 3,627미터에 있는데 직물 염색으로 유명한 마을이야. 잉카 원주민들이 알파카와 야마 털을 깎아 실을 뽑아낸 후 천연 재료인 옥수수나 선인장, 나뭇잎, 과일 열매, 꽃 등을 이용해 염색하는 모습과 직조 과정을 지켜보면서 체험도 해 볼 수 있는 곳이지. 신기했던 것은 '아가'라는 나무뿌리를 물에 넣고 비비면 세제처럼 하얀 거품이 생기는데 여기에 염색하느라 더러워진 실을 넣고 싹싹 문지르면 금방 깨끗하게 변하는 모습이었어.

가내 수공업 공장이기도 한 체험장에서는 전통 복장을 한 아가씨가 염색 과정과 직조하는 모습을 보여 주었어. 옷을 짜는 바늘은 원래 사람의 허벅지 뼈를 사용했다는데 지금은 야마의 뼈를 이용한대. 그리고 알파카와 양털로 직접 만든 재킷, 스웨터, 모자, 양탄자 등을 팔기도 했지. 알파카는 부드러워 주로 옷을 만드는 데 쓰고, 양털과 야마 털은 조금 딱딱해 침대보나 요를 만드는 데 사용한

대. 관광객에게 열심히 설명하고 보여 주긴 했지만 그다지 많이 팔리진 않았어. 정성껏 만든 옷과 장신구에는 그들의 희망이 담겨 있었을 거야.

친체로 마을에서 제일 유명한 것은 바로 마을 중앙에 있는 성당이야. 쿠스코에 있는 대부분의 성당이 그렇듯 이곳 역시 스페인에 점령당한 후 잉카의 신전 위에 가톨릭 성당을 세운 거야. 성당 마당에 있는 십자가는 그 대표적인 예라고 보면 돼. 잉카의 어머니, 즉 신으로 섬겨진 파차마마를 의미하는 3층 계단 위에 십자가를 세웠고 그 십자가 한가운데 잉카의 상징인 태양을 새겼어.

잉카인은 자신들이 믿어 왔던 신을 포기하라고 침략자가 강요했지만 원형은 잃지 않고 삶에 적용하며 살아온 듯해. 친체로 마을의 골목길을 걷다가 그 흔적을 만날 수 있었거든. 잉카인들은 집을 지을 때 지붕 위 용마루에 황소나 퓨마, 닭 같은 형상을 토기로 만들어 올려놓는데. 그들이 섬겼던 대지의 신 파차마마가 축복을 내려 줄 것이라 믿었기 때문이지. 힘의 상징인 황소나 퓨마의 형상을 주로 올렸는데 나중에 스페인 정복자들에 의해 가톨릭이 들어오면서 십자가가 추가된 거야. 척박한 환경 속에서 신에게 의지하며 소박한 삶을 살았던 잉카인의 선량함이 그들에게 닥친 고난을 이겨 내게 하는 힘이 되었을 거라고 생각해.

오르막길을 따라가니 잉카의 전통 계단식 밭이 내려다보이는 광

장이 나타났어. 투박하지만 멋스러운 회벽과 돌담 아래 늘어선 좌
판에는 전통 복장을 한 원주민들이 손수 만든 다채로운 민예품을
팔고 있었지. 나는 조카들에게 선물할 알파카 인형을 다섯 개 샀어.
알파카는 남미에서는 유용한 동물이야. 털은 깎아 옷이나 매트 등
을 짜는 실로 쓰고, 가죽은 벗겨 신발이나 옷 등 일상용품 재료로
쓰고, 젖은 짜서 우유·치즈·버터·술을 만들고, 고기는 굽거나 삶아
먹고, 뼈로는 공예품을 만들기도 하고, 먼 길을 이동할 때는 무거운
짐을 옮기기도 하지. 버스를 타야 할 시간이 가까워져 흥정할 시간
도 없어 달라는 대로 값을 치르고 가져왔어. 그렇다고 바가지를 쓴
것 같지는 않아. 얼마를 줬는지 기억조차 나지 않으니 말이야.

  친체로 마을은 새파란 하늘에 새하얀 뭉게구름 아래 초록빛 계

단식 밭이 펼쳐진 곳이었어. 삭사이와만의 서대함과 웅상함과는 다른 석조 문화 유적이 있는 고요하고 여유로워 보이는 마을이었지. 그래서 더 아름다웠단다.

모라이 유적

쿠스코에서 모라이까지는 버스로 두 시간이 넘게 걸렸어. 구불구불한 길을 지나고 구릉을 넘어 만나는 청명한 하늘과 푸릇푸릇한 전경은 평화 그 자체였어. 도로 옆 산등성이에는 옥수수 밭과 붉은 흙이 드러난 밭도 보였지. 야마와 양 떼를 몰고 가는 원주민들의 발걸음도 가벼워 보였어.

해발 3,700미터 모라이에 도착했을 때, 마치 푸릇푸릇한 원형 잔디밭에 온 듯했어. 모라이는 잉카 시대의 농업연구소인데 계단식으로 축대를 쌓아 고도별로 나누고 종자를 심어 연구하던 곳이야. 가장 큰 원형 경작지의 깊이는 30미터라 멀리서 보면 마치 분화구 같아. 모라이라는 말의 뜻도 '홀'이래. 그 공간은 작은 원형의 공간들이 연속적으로 들어 있는 동심원 형태였지. 동심원은 마치 컴퍼스를 돌려 정확하게 금을 그은 듯 일정한 간격으로 반복되었어.

멀리서 볼 때보다 가까이 가서 내려다보니 훨씬 더 넓었어. 하나의 원에서 다음 단계까지는 돌로 축대를 쌓았는데 그 높이가 사람

키만 해. 돌로 축대를 쌓으면서 중간 중간에 계단 역할을 할 수 있는 돌을 하나씩 박아 넣어서 공중에 떠 있는 듯 보이는 계단도 있었어. 계단마다 햇볕이 드는 양이나 바람의 세기가 다르대. 원형의 가장 아래쪽은 열대의 환경이고 맨 위는 해발 3,700미터의 고산 지역이라 맨 위와 아래의 온도 차이는 15도 정도래. 각 층마다 관개수로까지 설치해 놓았으니 상당히 과학적이지.

이런 공간은 안데스 고산 지대 자연환경에 적응하려는 옛 잉카인의 농업 방식이자 지혜의 결과물이야. 처음부터 위쪽에 작물을 심으면 산소 부족으로 호흡에 어려움을 겪는 사람과 마찬가지로 잘 자랄 수 없대. 그래서 맨 아래에 먼저 식물을 심고 적응시킨 다음, 다시 그 식물을 한 단계 위의 경작지에 옮겨 심는 거지. 또 기다렸다가 다시 다음 단계로 위쪽 원에 옮겨 심으면서 작물들을 서서히 고산에 적응시켜 잘 자랄 수 있도록 한 거야.

안데스 고원 지대는 강수량도 부족하고 산지도 많아 농사를 짓기엔 적합하지 않아 보였어. 그럼에도 고산 지역에서 잘 자랄 수 있게 품종 개량을 하고 척박한 환경에 적응해 온 지혜가 놀라울 따름이야. 잉카 문명의 가장 큰 업적 중 하나는 바로 이렇게 개량하고 보급한 농작물이라고 봐. 수많은 사람들을 기근에서 벗어나게 해 준 감자와 옥수수도 이곳 모라이의 실험에서 탄생한 거야. 감자와 옥수수는 단위 면적당 수확량도 많고 다양한 방법으로 요리해 먹을 수 있으며 영양가도 높아 어디서든 사랑받는 작물이란다.

모라이 제일 높은 곳의 그늘막이 있는 의자에 앉아 남미가 원산지인 작물들에 대해 생각해 보았어. 옥수수, 감자, 토마토, 수박, 고추, 카카오, 파인애플, 기호식품인 담배와 코카 등 무척 많아. 어쩌면 우리의 식탁을 풍요롭게 하는 많은 작물들이 이곳 모라이를 거쳐 왔을지도 모른다고 생각하니 마치 성지를 찾은 느낌이었어.

둥글게 돌아가는 길을 따라 모라이 중심부까지 내려가는 사람, 크고 작은 동심원 속을 걷는 사람, 태양의 정기를 받으려는 듯 양손을 벌려 하늘을 향해 고개를 쳐드는 사람, 모라이 유적지 전체를 둘레길 걷듯 걷는 사람도 보였어. 모두 다 모라이와 하나가 된 셈이지. 위에서 내려다보니 원형으로 이루어진 모라이의 둥근 원들은 자연 속에 사람들이 만든 또 하나의 거대한 예술품이었단다.

✴ 감자는 우리 인간이 재배하고 있는 식물 중에서 가장 재배 적응력이 뛰어난 작물이다. 바닷가 근처에서부터 히말라야 고지대나 안데스 고산 지대, 아프리카의 사하라 사막, 눈 덮인 그린란드에서까지 재배되고 있다.

감자는 원산지인 페루와 볼리비아 등 안데스 고원 지대에서 3,500~4,500년 전부터 경작되었던 것으로 추정되며, 스페인 정복자에 의해 유럽으로 건너갔다. 1532년 스페인 탐험가 피사로가 안데스 산지에서 캐

낸 감자를 유럽에 전했고, 1537년 콜롬비아 고원을 점령한 히메네스 데 케사다도 감자를 유럽으로 가져갔다. 처음 유럽인은 어두운 땅속에서 자라는 감자를 불경하다고 여겼으며 땅속에서 한 줄기에 50개 이상의 열매가 열리는 걸 보고 악마가 농간을 부린 것으로 생각해 푸대접했다. 심지어 17세기 초에는 감자가 나병을 일으킨다는 소문까지 퍼졌다. 그러나 추위와 흉년으로 기근이 닥쳤을 때 감자는 식량난을 해결해 주었고, 이후 유럽에서도 주식으로 자리 잡게 되었다.

안데스 원주민은 감자를 파파(papa)라고 부르며 해발 2,300~4,000미터에서 재배하고 있다. 보통 9월부터 다음해 5월까지 재배가 이루어지지만 수확 후 오래 저장하기가 쉽지 않았다. 그래서 츄뇨(chuno)라는 냉동 건조 감자를 만들었다. 츄노를 만드는 방법은 먼저 땅위에 헝겊을 깔고 감자를 펼쳐 놓은 뒤 밤새 얼린다. 다음날 낮에 온도가 올라가면서 감자가 녹으면 밟아서 물기를 뺀다. 이러한 과정을 4~5번 반복하면 츄노가 만들어진다. 수분이 다 빠져 나간 츄노는 마치 스펀지처럼 변하는데 끓는물에 넣으면 금방 부드러워져 쉽게 조리할 수 있다. 츄노는 10년을 보관해도 상하지 않아 고산 지역의 식량난을 해결하는 데 큰 역할을 했다.

모라이 유적지를 돌아보며 걷다가 파라과이에 산다는 한국인 여자 분을 만났어. 백인 남자 분과 함께 여행 중이라고 했는데 손을 꼭 잡고 다니는 것을 보니 연인이거나 부부인 듯 보였어. 서로 지나

온 여행지에 대한 성보를 나누며 반갑게 이야기를 나누었지. 사흘 후 콜롬비아로 간다고 해서 알고 있는 콜롬비아 이야기를 들려주었어. 콜롬비아 하면 커피를 먼저 떠올리는 사람들도 있겠지만 한국전쟁에 참전했던 사병들의 안타까운 사연을 미리 알고 가면 좋겠다고 판단해서야.

콜롬비아는 한국전쟁 때 남미 지역에서 유일하게 5,100명의 전투병을 파병한 국가야. 1951년 8월 7일 금성지구 전투에서 3명의 첫 희생자가 발생한 이후, 휴전이 될 때까지 448명이 부상을 입었고 214명이 전사했단다.

참전 군인들은 주로 아프리카계 흑인이었대. 한국전에 참전했다 돌아오면 장학금, 평생연금, 미국에서 거주할 수 있는 편의 등을 제공받을 것이라는 말을 듣고 지원했지. 콜롬비아에서 가난에 시달리던 흑인 병사들은 전쟁터에서 미국이 제공하는 생필품을 풍족하게 공급받으며 배불리 먹을 수 있었고 매달 39.5달러의 월급을 받았어. 하지만 전쟁이 끝나고 귀국한 참전 병사는 처음 약속과는 달리 대부분 직장을 구하지 못한 채 가난과 편견 속에서 살아가야만 했지.

노예 제도가 없어졌지만 흑인들은 여전히 콜롬비아 사회에서 소외 계층이었거든. 1954년 2월 19일 콜롬비아 내륙 지방인 아르메니아에서는 한국전 참전 용사가 훈장을 저당 잡혔다는 신문 기사가 실렸어. 병사들을 전쟁에 내보낼 때는 국가가 나서서 영웅주의

와 조국애를 소리 높여 외쳤지. 하지만 전쟁이 끝나지 참전 군인은 외면 당했어. 버림받았다는 좌절감이 훈장을 버린거나 마찬가지인 사건이었어. 백인화를 지향하던 대다수 콜롬비아 국민들은 그들을 위해 슬퍼하지 않았단다.

모라이 유적지에서 파라과이 교민을 만나 한국전쟁 이야기를 하게 될 줄은 몰랐어. 그 교민도 콜롬비아에 가서 다른 사람들과 잊고 있었던 한국전 참전 사병들의 삶과 고통에 대한 이야기를 나누겠다고 했단다. 전쟁은 어떤 경우에도 일어나서는 안 돼. 많은 사람들의 일상의 평화와 꿈을 깨뜨리기 때문이야.

산에서 나는 소금, 살레나스 염전

안데스 산맥에는 자연이 선물해 준 유적지 살레나스가 있어. 끝없이 펼쳐진 밀밭을 가진 마라스 마을에 살레나스 염전이 있지. 가는 길은 쉽지 않아. 모라이에서 살레나스까지는 40여 분이나 좁은 비포장도로를 위태롭게 굽이굽이 달려가야 하거든.

뿌연 흙먼지를 일으키며 달려가던 투어 버스가 멈추었었을 때. 눈앞에 살레나스가 펼쳐지고 있었지. 계곡 사이로 마치 흰 눈이 내린 듯 새하얀 소금이 계단식 밭에 가득 채워져 있는 광경이 신비로웠어. 안데스 우루밤바 계곡의 해발 3000미터가 넘는 산에 위치한 살리레나스는 약 600년 된 전통 방식의 염전이야. 산골짜기 상류의 조그마한 옹달샘 같은 곳에서 흘러나온 물이 지층 속에 있던 소금기 머금은 지하수와 섞이면서 하류로 흐르는데, 그 물을 계단식으로 조금씩 가둔 다음 햇볕에 증발시켜 소금을 만드는 거지. 수확하는 방법이나 소금밭의 수로까지 잉카 시대 때와 변한 것이 하나도 없대.

약 4,000여 개의 하얀 염전에서는 아직도 소금이 수확되고 있어. 호기심에 수로에 흐르는 물을 손가락으로 찍어 맛을 보니 아주 몸서리쳐질 정도로 짜는 않고 간간했어. TV 다큐멘터리 프로그램이나 사진으로 보던 곳을 직접 눈으로 확인할 수 있어서 감동이 컸단다.

염전을 보고 나오는 출구 주차장 옆에는 민예품과 이곳에서 생산한 소금을 팔고 있었어. 가격은 비싸지 않았지만 앞으로 남은 여정에 짐이 될 것 같아 사지는 않았단다.

세계에서 가장 위험해 보이는 호텔

마추픽추로 가는 기차를 타기 위해 오얀타이땀보 쪽으로 가다가 아주 특별한 호텔을 봤어. 해발 2,800미터 고지대의 거대한 암벽 위에 아슬아슬하게 매달린 캡슐 모양의 암벽 호텔이었지. TV 해외 토픽 뉴스에서 본 호텔이었어. 쳐다보는 것만으로도 고개가 아프고 아득했어. 하룻밤 숙박료가 300달러인데 7~8개월 분량의 예약자들이 대기 중이래. 지상에서 400미터 높이에 있는 호텔로 가려면 장비를 갖추고 암벽등반으로 올라가야 해. 밑에서 위를 바라보고 있노라니 암벽에 박은 말뚝이 보였어. 내려올 때는 짚 라인을 타고 내려온대. 밥 먹으러 갈 때도 줄을 타고 가야 한다는 암벽 호텔이었어. 세상에는 참 별난 모험을 즐기는 사람도 있더구나. 쏟아지는 밤하늘의 별을 밤새도록 가까이서 볼 수 있다니 나도 한번 도전해 볼까 생각하다가 까마득한 절벽에 걸린 호텔을 쳐다보니 아찔해서 슬그머니 마음을 접었지.

투어 차량이 멈추어 서고 암벽 호텔을 구경하는 사람들이 생기자 어디선가 전통 복장을 한 남녀 어린이가 나타나 노래를 불렀어. 아이들은 자신이 어떻게 해야 관광객들이 돈을 주는지 알고 있었

어. 그 모습이 왠지 측은해 보이기도 했어. 이 산골에 사는 아이들은 어떤 꿈을 갖고 살아가는 걸까. 나름대로 예술 공연을 하고 있는 아이들이었는데 듬뿍듬뿍 돈을 주게 되지는 않았어. 그 아이들의 공연을 별것 아닌 것으로 여긴 옹졸한 마음 때문일까. 아무튼 아이들이 동전을 들고 뛰어가는 모습을 보니 마음 한구석이 부끄러웠어.

오얀타이땀보

오얀타이땀보는 고대 잉카 제국의 도시야. 가장 훼손되지 않은 옛 모습을 간직하고 있는 도시라 '살아 있는 잉카 마을'이라 불린단다. 마추픽추로 가는 기차인 페루레일과 잉카레일을 타기 위해서 여행자들이 꼭 들러야 하는 곳이기도 해. 이곳은 험준한 안데스 산봉우리와 우루밤바강을 끼고 있어서 주변 경치가 멋진 곳이야. 다른 곳보다 지대도 낮고 강수량도 풍부해 농사짓기에 적합해 보였어. 도로 옆에는 선인장과 용설란 같은 다육 식물도 자라고 옥수수밭이 넓게 펼쳐져 있었단다. 우루밤바강은 아마존강의 발원지 중하나라고 해.

버스가 오얀타이땀보에 도착했을 때 아담하고 고풍스런 마을이 나타났어. 입구는 먼저 도착한 투어 차량들과 현지인들의 차가 뒤엉켜 복잡했단다. 뿌연 흙먼지와 매연으로 매캐했어. 전통 복장을 하고 전등갓처럼 둥근 모자를 쓴 원주민 여인들이 좌판에서 민예품이나 음식을 팔고 있었지.

배가 고파 우선 늦은 점심을 먹을 곳을 찾아야 했어. 더위를 피해 시원한 계곡 옆에 있는 식당을 찾아갔지. 메뉴는 대표 요리를 사진으로 찍어 걸어 놓은 광고판을 보고 골랐어. 닭고기와 홍게, 옥수수, 감자를 넣고 끓인 수프와 송어구이를 주문했단다. 특유의 향이 있어도 거슬리지 않아 맛있게 먹었어. 관광 안내 지도에도 나온 식당이라 그런지 친절했단다.

오얀타이땀보에는 우루밤바계곡을 감시하는 요새이자 전사들의 숙소로 쓰였던 거대한 유적지가 있었어. 태양의 신전이라 부르기도 해. 1536년 잉카 황제로 등극한 망코 2세가 오얀타이땀보로 이동한 후 스페인 군대에 대항한 마지막 격전지이기도 하지. 피사로가 이끄는 스페인 군대와의 전투에서 잉카군이 승리하긴 했지만 방어 진지에 불과했던 이곳에서 오래 버티지 못하고 마추픽추로 탈출하게 되었대.

이곳은 가파른 경사면에 돌을 촘촘히 쌓아 만든 거대한 크기의 계단식 밭이 150미터 높이까지 조성되어 있었어. 돌기둥 하나의 무게만 해도 16톤인 것도 있는데 오로지 사람의 힘으로 어떻게 산 꼭대기까지 끌어올려 정교하게 쌓고 요철 모양으로 깎아 붙이고 끼워 놓았는지 의문이야. 어디 그뿐인가 지금까지도 이용되고 있는 땅속 수로는 그 당시 물을 모으고 다루는 시스템이 얼마나 지혜롭게 발달했는지 보여 주었어.

차곡차곡 쌓아 올린 돌계단을 딛고 신전을 향해 가파른 경사면을 수직 방향으로 올라갈수록 마을 전체가 한눈에 들어와. 풍경은 고풍스럽고 멋졌지만 발걸음은 점점 무거워지는 거야. 정상을 코앞에 두고 핑그르르 어지럽고 숨이 가빴거든. 꼭대기에 올라가면 큰 돌 여섯 개가 세워져 있고 쌓다가 중단된 돌덩이들이 여기저기 쓰러져 있는 것을 볼 수 있어. 그곳도 태양의 신전이라 부른단다.

오얀타이땀보에는 애틋한 사랑 이야기가 전해 내려와. '오얀따이'는 원래 잉카 제국의 명장 이름이래. '땀보'는 케추아어로 '역참', '여관'이라는 뜻이야. 말이 없던 고대 잉카에서는 도보 파발꾼들이 10킬로미터다 있는 땀보에서 식사도 하고 휴식을 취하며 동료들끼리 정보도 나누고 물품을 교환하기도 했다는구나.

전쟁으로 영토를 넓혀 가던 그때 잉카 황제는 전쟁에 공을 세운 오얀따이에게 소원을 물었대. 오얀따이는 오래 전부터 흠모하던 공주와 결혼하고 싶다고 말했대. 당시 잉카 황족은 다른 계급과 결혼 할 수 없고 같은 신분끼리 근친결혼을 했기에 황제는 공주와의 결혼을 허락하지 않고 그를 꾸짖었대. 오얀따이는 이에 불만을 품고 반란을 일으켰지만 패배해 감옥에 갇혔대. 시간이 흘러 황제가 죽고 다른 황제가 즉위하자 오얀따이는 특사로 풀려났다는구나.

그리고 황제는 자비심을 베풀어 그가 사랑한 공주와 결혼을 할 수 있도록 은전을 베풀었대. 이런 사연을 들으니 사랑이라는 것은 무언가를 이룰 수 있는 원동력도 되고 좌절되었을 때는 깊은 상처로 남아 원한이 생길수도 있겠다는 생각이 들었어.

열차 탑승 시간이 빠듯해 저녁도 먹지 못하고 오얀따이땀보 기차역으로 이동했단다. 가는 길에 마을 옆 개천을 흐르는 물소리가 맑고 시원했어. 기차역이 가까워지자 엄청나게 많은 관광객들이 몰려 혼잡했어. 전 세계적으로 유명한 관광지인 마추픽추로 가는 길이기 때문일 거야. 기차역에 들어갈 때도 여권 검사를 했어. '페루레일'이라고 쓴 푸른색 기차가 성당의 종소리처럼 맑은 소리를 내며 플랫폼으로 들어오는 것도 인상 깊고 운치 있었단다.

저녁 7시에 출발한 기차는 밤 9시쯤 아구아스 칼리엔테스역에 도착했어. 계곡의 물소리가 정말 우렁차서 후덥지근한 더위를 식혀 주었단다. 다음 날 아침 일찍 마추픽추에 오르기 위해 버스표부터 미리 예매했어. 버스표를 예매할 때도 여권을 보여 줘야 한단다. 왕복 버스비는 1인당 24달러야. 한화로 약 3만 원이지. 마추픽추 입장료도 50달러, 와이나픽추 입장료와 승차권까지 합치면 1인당 180달러를 내야 마추픽추를 구경할 수 있어. 특히 와이나픽추까지 가는 티켓은 개인이 구매하기 어려워 여행사를 통해 미리 예매했어. 마추픽추는 유네스코 세계문화유산에 등록된 관광 명소로 페루 관광 수입의 70%를 올리고 있는 곳이래. 그런데 몇 년 전까지만 해도 마추픽추를 관리하고 그 수입을 챙긴 것은 페루 정부가 아니라 외국인 회사였대. 지금 마추픽추는 페루 관광청 소유가 되었지만 이곳까지 오기 위해 많은 비용을 치러야 했던 기차는 여전히 영국 기업이 독점 운영 중이라고 해. 마추픽추의 관광 수입이 온전히 잉카의 후손에게 주어지는 날이 빨리 왔으면 좋겠어.

밤늦은 시간인데도 호텔이나 식당, 기념품 상점이 줄지어 있는 언덕길에는 환하게 불이 켜져 있었고 세계 각국에서 온 관광객으로 붐볐단다. 산속이다 보니 인터넷 연결이 잘 안 되는지 와이파이도 터지지 않았어. 답답하긴 해도 번잡함을 씻어 주는 물소리가 위로가 되었고, 피곤이 밀려와 예약한 숙소를 찾아 잠을 청했단다.

성스러운 젊은 봉우리 와이나픽추

다음 날 새벽 여섯 시에 마추픽추 입구로 가는 버스를 타기 위해 숙소를 나섰어. 아침부터 하늘에는 먹구름이 잔뜩 끼어 있었지. 눈앞의 산은 뿌연 안개에 뒤덮여 있고 힘차게 흘러가는 강물 소리가 주변 산에 메아리쳐 들려왔어. 설상가상으로 비까지 내리기 시작했어. 이 상태라면 마추픽추 정상을 볼 수 없을 것 같아 불안한 생각도 들었지.

버스는 관광객을 가득 태운 채 계곡을 끼고 달리기 시작했어. 비포장인 도로가 협소하고 굴곡이 심해서 속력을 내어 빨리 달리지도 못하는 거야. 굽이굽이 아슬아슬 가파른 산길을 버스는 가쁜 숨을 몰아쉬며 힘겹게 올라갔어. 아래를 내려다보니 거대한 녹색의 절벽이라 아찔했어. 다양한 나무가 울창한 정글을 이루고 있는 곳도 지났어. 신선한 공기 때문에 머리가 맑아지고 숨쉬기도 편했지.

버스는 30여 분을 달려 마추픽추 입구에 멈췄어. 어디서 모였는지 세계 각국에서 온 다양한 인종의 관광객들이 줄을 서서 입장하고 있었어. 여권과 입장권을 보이고 입구를 통과했지만 여전히 안개가 꽉 차 있어 앞이 잘 보이지 않았어. 새벽부터 나서서 마추픽추의 일출을 기대하며 올라갔는데 일출은 물 건너갔어. 안개 때문이지.

앞서 걷는 사람들을 따라 걷기 시작했어. 짙은 안개 속에 돌담인지 계단식 경작지인지 구분이 안 되는 돌이 쌓여 있는 길을 따라 걷다 보니 푸른 풀로 뒤덮인 광장이 나오는 거야. 야마 무리도 평화롭게 풀을 뜯고 있었어. 사람이 다가가도 피하지 않았고 눈빛이 순해 귀여웠어.

안개 때문에 어디가 어딘지 분간이 안 가는데 커다란 돌 의자 같은 '태양의 돌'과 원두막 같은 전통 가옥이 나타났어. 그곳에도 사람들이 꽉 차 있어 비집고 들어갈 틈이 없었어. 다시 돌아서서 다른 길을 찾다가 와이나픽추로 입산하려고 길게 줄을 서 있는 행렬을 만났지.

와이나픽추는 '젊은 봉우리'라는 이름과 어울리게 해발 2,700미터 높이로 솟아 있어. 이곳에 올라 마추픽추를 내려다보는 풍경이 장관이라 그 광경을 보기 위해 사람들이 몰려드는 거야. 이곳은 하루 입산할 수 있는 인원을 400명으로 제한하고 있어. 7~8시에 첫 번째 그룹 200명을 출발시키고, 10~11시에 두 번째 그룹 200명을 출발시켜. 여행사를 통해 미리 구입한 티켓을 가지고 첫 번째 그룹에 합류했어.

출발 시간이 지났는데도 지체되어 무슨 일인가 했더니 입산자들의 개인 신상을 기록하느라 늦어지고 있었어. 단순히 다녀갔다는 방명록 개념이 아니라 이름, 국적, 성별, 나이, 출발 시간까지 정확히 적어야 했어. 와이나픽추는 워낙 경사가 가파르고 바로 옆은 끝

모르는 낭떠러지인지라 사람 하나 떨어져도 모르게 생겼어. 산이라기보다 하늘로 솟은 절벽에 비유할 만큼 가파른 곳이야. 입산 인원을 제한하는 이유는 그만큼 위험하기 때문이라는 걸 등반하면서 알게 되었지. 그래서 들어가는 사람과 나오는 사람의 인원 수 파악은 중요해. 나는 비교적 앞 대열에서 출발했어. 시계를 보니 7시 21분이었어.

천천히 한 걸음씩 안개에 휩싸인 고대 유적을 찾아 긴장을 늦추지 않고 걸었어. 계속해서 이어지는 가파른 오르막길과 돌계단, 좁은 등산로에 양옆이 아찔한 절벽인 곳도 있고 아주 좁은 돌 틈을 지나가야하는 곳도 있었지. 헉헉거리며 오르다 힘들면 주변 풍경만 보고 잠시 머무르다 내려오려고 했는데 걷다 보니 그게 아니었어. 일방통행 길이나 마찬가지여서 계속 앞으로 걸어가야 했거든. 중간에 되돌아 나오기도 어려웠어. 거의 70~80도 경사진 돌계단을 오를 때는 두 손 두 발 다 써서 기어올라야 하는 곳도 있었거든.

사방을 둘러봐도 여전히 안개와 구름으로 가득했어. 아래를 내려다보면 더 아찔한 거야. 그런데 수백 년 전에 이 높은 곳까지 돌을 지고 올라와 계단을 만들고 돌담을 쌓고 건축물을 만들다니, 그저 놀라울 뿐이었어. 진입조차 어려운 이곳에 와서 힘든 노동을 해야 했던 사람들은 누구였을까. 당연히 하층민이거나 노예, 전쟁 때 사로잡힌 다른 부족의 포로였겠지. 그들의 노동력을 착취하여 만들었을 이 길은 수많은 사람들의 목숨과 맞바꾼 건축물이라는 생각이 들었어.

드디어 1시간 30분 만에 해발 2,667미터 와이나픽추산 정상에 도착했어. 아래를 내려다보니 구름 사이로 왼편에는 버스 타고 올라온 지그재그 길이 나타났어. 가운데는 마추픽추가, 오른편에는 깊은 계곡과 굽이굽이 흐르는 우루밤바강이 보였지. 자연의 위대함과 아름다움을 느꼈어. 저절로 터져 나오는 "와~"하는 탄성과 함께 거대한 자연 앞에서 우리는 정말 작은 존재라는 걸 느끼며 겸손한 마음으로 바라볼 수밖에 없었지.

와이나픽추 정상에서 사람들은 저마다의 방식으로 정상에 오른 기쁨과 감동을 만끽하고 있었어. 전 세계 곳곳에 뿔뿔이 흩어져 사는 사람들이 같은 목표를 가지고 올라와 이곳에 모인 거야. 아마 생각하는 것, 그리워하는 것, 꿈꾸는 것은 모두가 다를 테지만 그곳에서 느꼈던 감동은 같을 거야. 수많은 인파 속에 뭉게뭉게 피어오르는 구름을 배경으로 우뚝 솟은 바위에 걸터앉은 백인 남녀의 뒷모습이 마치 광고의 한 장면처럼 멋있어서 사진을 찍었어. 와이나픽추를 그리워할 때 그 모습도 소환해 추억할 거야.

내려가는 길은 경사가 가팔라 더 조심해야 했어. 아래쪽으로 시선을 두니 저 아래 깊은 계곡에서 올라오는 구름은 맑게 개인 푸른 하늘과 어울려 한 폭의 산수화 같은 풍경이 펼쳐졌어.

하산 길에 사람 한 명이 겨우 통과할 수 있는 좁은 바위굴을 지났
어. 그 길을 막으면 누구도 산에 오르거나 내려갈 수 없으니 정말
완벽한 천혜의 요새가 되겠더구나. 와이나픽추 입구 관리소에 도
착해 무사히 내려왔다고 사인을 하면서 뿌듯했어. 오전 7시 21분
에 올라서 10시 10분에 도착했으니 왕복 2시간 50분이 걸렸어. 다
음 시간대 와이나픽추 입장을 기다리는 여행자들에게 응원의 눈길
을 보내고 손을 흔들어 주었어. 마추픽추를 여행할 생각이 있다면
꼭 와이나픽추도 반드시 가 보라고 추천해. 마추픽추 전망대에서

보는 선경도 멋시시만, 와이나픽추에 올라가 바라보는 마추픽추의 전경 또한 신비롭고 어마어마하기 때문이야. 와이나픽추는 마치 아이를 돌보는 어머니처럼 무사안녕을 기원하는 마음으로 마추픽추를 굽어보며 그 자리를 지키고 있는 것 같았어.

와이나픽추까지 갔다 온 것은 안개와 구름에 가려 산세가 다 보이지 않았기 때문에 가능하지 않았을까 생각해. 아마 가파른 정상이나 주변의 웅장한 산세를 보면서 올라가야 했다면 지레 겁을 먹고 중간에 포기했을지도 몰라. 우리네 삶도 그렇다고 봐. 앞으로 일어날 일을 미리 안다면 무슨 재미가 있을까. 모르니까 도전하고 용기를 낼 수 있는 거지. 힘든 일이 있을 때, 끝나지 않을 것 같은 시련이 계속될 것 같은 상황이라도 지금 앞에 닥친 일만 생각했으면 좋겠어. 너무 먼 미래의 일까지 끌어와 미리 걱정하고 고민할 필요가 없다고 봐. 앞으로 힘든 일이 생기면 와이나픽추를 오를 때 발끝만 보고 걸으면서 정상을 올랐던 그 시간을 기억하며 힘을 낼 거야.

비밀에 쌓인 공중 도시, 마추픽추

구름 위에 솟아 있는 높은 산봉우리 위에 있고 경사가 급해서 산기슭에서는 보이지 않는다고 하여 '늙은 봉우리', '공중 도시'라는 별칭을 가진 마추픽추가 400년 간 세상과 격리되었던 건 우르밤바강을 낀 500미터 절벽 위에 숨겨진 천혜의 요새였기 때문이야. 1911년 7월 24일, 미국의 고고학자 하이램 빙엄이 발견하여 세상에 알려지기 시작했지. 잉카 10대 왕조인 투팍 잉카 유판기 시대에 건설된 것으로 추정되는 공중 도시 마추픽추는 여전히 비밀에 싸여 있어. 발견자 하이램 빙엄은 이곳이 제례를 위한 사원이었을 거라고 주장해. 다른 이는 스페인 식민지 시절 잉카인의 마지막 은신처였던 발카밤바로이며 이곳에서 정복자들에게 복수하기 위해 칼을 갈았다고 하지. 또 다른 학자는 황제를 위한 특별한 휴식처이거나 젊은 여성들을 위한 수도원이었을 거라고 해. 많은 학자가 마추픽추의 기원을 연구해 왔지만 아직도 정확한 사실을 밝혀내지 못하고 있어.

마추픽추 유적은 신전과 주거지와 농경지로 구분되어 있단다. 유적의 핵심인 태양의 신전은 유적지 중앙 높다란 곳에 있어. 200여 동의 건물이 남아 있는 주거지는 중앙 광장 주변의 상류층 주택과 변두리의 일반 주택지로 나누어져 있고 계단식 밭은 그 주변에 있지. 석축을 쌓아서 만들어 놓은 밭은 좁은 것은 폭이 1~3미터에 불과해. 거기에다 급경사의 계단을 만들고 바위에 홈을 파서 배수로까지 만들어 놓았으니 참으로 놀랍지. 더구나 가파른 절벽 위에다 만들어 놓아 일하다가 발을 잘못 디디면 벼랑 아래로 떨어질 수도 있으니 상상하는 것만으로도 아찔하단다.

계단을 따라 내려가며 검게 이끼가 낀 돌벽에서 마추픽추의 세월을 읽었어. 하나하나의 바위를 깎아 벽돌처럼 쌓아 올린 건물, 거대한 바위를 미끈하게 다듬어 만든 제단과 물을 모아 두었던 수조와 같은 석조물은 옛 잉카인의 과학기술과 정교함을 보여 주고 있었거든. 1만 명이 자급자족할 수 있는 도시였다니 대단하지. 단체로 체험학습을 온 교복을 입은 학생들도 많이 보였어. 그들은 이곳에서 잉카의 후예로서 뿌듯한 자긍심을 갖고 돌아갔을 거야.

그러나 마추픽추도 수없이 몰려드는 관람객들 때문에 회복 불가능한 상처를 입고 있는 것 같아서 안타까웠어. 방문객들의 체중 때문에 마추픽추의 지반이 아주 조금씩 내려앉고 있대. 중앙 광장에 있던 거대한 비석은 헬리콥터 착륙장을 만드는 과정에 부서져 파묻혔고, 방송국 카메라 크레인이 넘어지면서 인띠우아따나 해시계 한쪽 기둥이 부서지기도 했다니 말이야. 마추픽추는 결코 돈으로 환산할 수 없는 경이로움이 가득한 곳이었단다. 인간의 욕심 때문에 결코 훼손되어서는 안 되는 곳이야.

다시 버스를 타고 마추픽추를 내려오는 동안 '굿바이 보이'는 볼 수 없었어. 무슨 얘기냐면 잉카의 전령인 챠스카를 본 따 달리는 버스보다 먼저 내려와 정류장에서 '굿바이' 인사를 건네는 소년들이 있단다. 버스가 굽이굽이 산모퉁이를 돌 때마다 소년들이 나타나 까꿍 놀이를 하듯 얼굴을 내밀며 손을 흔들지. 버스 안에서 그 광경을 지켜본 승객들은 정류장에 도착하면 숨을 헐떡이는 소년이 안 쓰러워 팁을 주는 거야. 소년들이 버스보다 먼저 도착할 수 있었던 비결은 샛길을 이용하기 때문이었지. 어린 아이들이 돈을 벌기 위해 굿바이 보이를 하느라 학업을 포기하는 경우도 생기자 페루 정부에서는 이를 금지시키기도 했어. 하지만 2005년부터 방학이나 긴 휴가 때에는 허락을 했대. 다시 굿바이 보이를 해야 하는 아이들은 가족의 생계를 위해 뛰겠지. 하루에도 몇 번씩 마추픽추를 오르락내리락 뛰어야 하는 아이들의 피곤한 삶의 이야기는 스스로 선택한 거라고 할 수 없기에 마음이 아프단다.

마추픽추에서 오얀따이땀보로 오가는 기차

마추픽추에서 기차를 타고 오얀따이땀보로 가기 위해 아구아스 칼리엔테스역으로 갔어. 다시 쿠스코까지 가는 투어 버스로 갈아타기 위해서야. 페루레일 기차는 시설도 좋고 지붕에 파노라마 돔이 있어 주변 풍경을 볼 수 있게 해 놓았어. 기차 안에서 커피와 과자, 초콜릿 종류도 팔아. 창밖을 보면 하얗게 거품을 내며 급하게 흘러가는 우루밤바강이 기차와 나란히 달리는 것 같아. 기차가 휘어진 산모퉁이를 돌아갈 때면 요란한 기적 소리를 냈고 원주민들의 허름한 농가와 옥수수밭이 더 친근하게 다가오더구나. 주민들의 집은 대부분 흙벽돌이고 지붕은 붉은 기와인데 간혹 '바하'라는 풀로 덮여 있는 경우도 있었어. 마추픽추의 '태양의 돌' 근처에 있던 전통 가옥의 지붕도 바하였거든. 안데스산지 만년설을 이고 있는 봉우리들이 푸른 하늘을 배경으로 파노라마처럼 펼쳐지는 풍경은 말 그대로 한 폭의 아름다운 그림이었단다.

곳곳에서 옥수수를 수확하는 모습도 보였고 한가로이 풀을 뜯는 소들과 야마 무리도 눈에 띄었어. 특이했던 건 원주민 여인들의 전통 복장이야. 결혼한 여자는 '촐라', 미혼은 '촐리타'라고 불러. 이들이 입는 정장은 '폴에라'라고 하는 블라우스 비슷한 옷 위에 알록달록한 색으로 짠 망토를 두르 여러 폭으로 주름이 잡힌 치마를 입는 거야. 뚱뚱한 몸집의 촐라가 입는 주름치마를 펼쳐 놓으면 6미터나 되는 것도 있다고 해. 주름치마의 폭이 길수록 경제적으로 여유 있고 지체가 높음을 의미한대.

머리는 두 갈래로 총총하게 땋아 늘어뜨렸어. 미혼인 촐리타는 중절모를 쓰지 않지만 챙이 넓은 화려한 모자를 써. 결혼한 촐라들은 각양각색의 모자를 쓰고 다녀. 각기 다른 모자의 모양이나 색을 보고 부족을 구별할 수 있대. 대부분의 모자는 챙이 있는 중절모야. 크게 실용적이라고 할 수는 없지만 고산 지대니까 자외선을 막아 주는 데는 유용할 것 같아. 등에 걸친 망토는 대부분 손수 짠 것으로, 포대기 삼아 아기를 업거나 보자기처럼 짐을 싸서 어깨에 걸치

기도 해. 이 망토는 일교차가 심한 고산 지대에서 추위를 막아 주는 보온용으로도 아주 적당해 보였어. 원주민 여자들이 입고 있는 이 옷은 스페인 식민지 시절 카를로스 3세가 스페인 바스크 지역 농민들의 옷을 입도록 하고, 가르마를 타고 양 갈래로 머리를 땋게 한 데서부터 비롯되었다고 해.

남자들이 입는 전통 옷은 '운쿠'라는 윗도리와 '야코야'라는 정사각형의 망토야. '운쿠'는 보통 무릎을 덮을 정도의 자루 모양에 머리와 양팔이 나오게 구멍을 뚫은 형태로 만든 것이고, '야코야'는 정사각형 모양의 망토지. 털실이나 야마의 털가죽으로 탄 모포의 한가운데에 머리를 내놓을 구멍을 낸 덧옷이라고 보면 돼. 바람막이 또는 방수 효과도 있지. 안데스 산맥의 고지대나 페루, 볼리비아, 칠레, 아르헨티나의 원주민들이 입는 전통 의상으로 알고 있는 망토형의 겉옷인 판초는 바로 운쿠와 야코야가 겉옷으로 발전한 거야.

원주민은 지금도 그들의 옷을 손수 짜서 입는 경우가 많은 것 같았어. 여행 중에 만난 원주민 촐라들이 알파카 털로 짠 모직물을 팔면서 한 손으로는 실을 잡고 또 한 손으로는 팽이 같은 실패를 무릎에 대고 계속 돌리는 모습도 자주 볼 수 있었거든. 묘기처럼 빠른 손길이 신기할 정도였어.

기차가 지나는 마을의 누추한 어느 집 처마에는 빨래가 걸려 있었어. 알록달록한 색실로 짠 바지와 상의가 걸려 있었는데 새빨간 어린아이 옷도 있었지. 어릴 때 입었던 빨간 내복 같은 생각이 들어 친근했고 잠시 유년의 추억에 젖기도 했어.

기차는 한 시간 삼십 분이 지나 오얀따이땀보역에 도착했어. 대기하고 있던 투어 버스를 타고 다시 쿠스코로 갔단다.

뿌노까지 야간 버스 타고 가기

쿠스코 쿠르즈 델수르 버스터미널에 도착했을 때는 밤 9시가 다 되어 있었어. 늦은 시간인데도 사람들로 북적북적했단다. 짐을 여러 개 든 전통 복장의 현지인들도 많이 보였지. 밤 10시 20분에 떠나는 야간 버스라 기다리는 동안 터미널을 둘러보았어. 1층에는 버스 회사별로 각 지역으로 떠나는 표를 판매하고 있었어. 티티카카 호수가 있는 뿌노로 가는 노선이 가장 많았고 칠레, 아르헨티나, 볼리비아 쪽으로 가는 버스 노선도 있었어. 남미는 기차보다 버스 노선이 잘 발달되어 있단다. 대합실 중앙에는 우리나라와 마찬가지로 승객들이 앉을 수 있는 의자가 배열되어 있었어.

회랑으로 연결된 2층에 올라갔더니 각 버스 회사 사무실이 있더구나. 특이한 것은 2층 회랑 가운데 여행객을 위한 기도처가 마련되어 있는 거야. 황금처럼 번쩍이는 제단에 핍박받는 예수의 모습과 함께 크리스마스가 가까워져서인지 반짝이는 트리며 아기 예수 탄생 조형물과 촛불도 있더구나.

1층 바깥쪽 상가에는 밤늦은 시간인데도 원주민들이 즐겨먹는 빵과 치즈를 팔고 있었어. 갈색으로 노릇하게 구워진 빵은 구수한 냄새를 풍기며 손님들을 불러 모았어. 버스터미널에는 소매치기가 많다는 이야기를 여러 번 들었던 탓에 주변을 경계하느라 느긋하게 길거리 음식을 먹고 구경할 마음의 여유를 갖지 못한 게 아쉬워. 낮에는 더웠는데 밤이 되면서 기온이 뚝 떨어져 겨울옷을 꺼내 입어야 했을 정도로 일교차가 심했어.

누워서 잘 수 있는 1등급 버스인 까마 버스를 타고 뿌노까지 밤새 달렸단다. 커튼을 치면 옆 사람과 분리되는 공간을 가질 수 있고 안대를 하고 있으면 불빛이 차단되어 푹 잘 수 있었어. 여행 가방은 1층에 있는 짐칸에 보관하고, 2층 좌석 앞자리에 탔지. 화장실은 1

층 입구에 있는데 비행기 화상실과 비슷했어. 버스는 쿠스코 시내를 벗어나 구불구불한 길을 지나갔지. 도시의 불빛도 들판의 풍경도 어둠 속에 묻혔단다.

잉카인의 마음의 고향, 티티카카호수

새벽 6시가 넘어 뿌노에 도착하니 갑자기 속이 메스껍고 토할 것만 같았어. 버스터미널의 기온이 높지 않았는데 기운도 없고 발걸음도 무거운 거야. 왜 이럴까 생각해 보니 뿌노에 왔기 때문이었어.

뿌노는 해발 3,870미터에 위치한 '숨쉬기 어려운 황량한 고원'이라는 뜻을 가진 티티카카호수의 항구 도시거든. 고산병 증세가 나타나기 시작한 거지. 거울을 보니 입술이 푸릇하게 부르텄지 뭐야. 빈 의자에 앉아 잠시 쉬었지만 여전히 뭔가 불쾌한 느낌이 계속 따라다녔어.

숙소를 찾아 짐을 맡기고 티티카카호수의 섬들을 방문하는 투어를 시작했단다. 유람선을 타고 잔잔한 호수를 지나 첫 번째로 우로스섬에 도착했어. 우로스섬은 특정 위치의 섬이 아니라 '토토라'라는 갈대를 차곡차곡 쌓아 만든 인공 섬이야. 섬에 올라 주변을 살펴보니 섬이라고 부르기엔 너무 작았어. 우로스섬은 호수에서 자라는 갈대가 생활필수품이야. 음식을 만드는 연료로 쓰고, 지붕과 벽을 만들고, 섬 생활의 필수품인 배도 만들어. 썩은 갈대는 검은빛 부식토로 변하지만 농사를 짓는 데 귀한 거름이 돼. 그 비옥한 흙에서 감자가 자라고 소가 풀도 뜯고, 돼지가 뛰어 다니는 모습도 볼 수 있었어.

입구에는 전망대가 있어서 사다리를 타고 올라가 보니 섬 전체와 호수로 들어오는 배들이 다 보이더구나. 토토라로 만든 배는 '발사'라고 하는데, 고대 이집트 배처럼 중앙이 넓고 양끝이 좁아져 뱃머리가 하늘을 향해 곡선으로 뻗어 있었어. 노랗고 빨간 원색으로 칠해져 있어서 배가 아니라 마치 커다란 짚공예품 같았어. 발사는 섬과 섬 사이를 오가며 관광객들도 실어 나르고 있었어.

마을 촌장이 섬 생활에 대한 설명과 섬이 만들어지는 원리에 대해 설명해 주었단다. 빨강, 파랑, 녹색, 노란색의 전통 복장을 입은 원주민들은 자신들이 만든 민예품들을 전시해 놓고 팔고 있었어. 다채로운 색깔의 모자, 가방, 팔찌 등이 눈길을 끌었지만 선뜻 사는 이들은 많지 않았지. 섬을 밟는 느낌은 푹신푹신한 침대 매트리스 위를 걷는 느낌도 들었어. 장난기가 발동해 바닥에 벌렁 누워 하늘을 바라보았지. 잠깐이었지만 더없이 아늑했단다.

섬을 떠날 때 원주민 여인들이 노래를 불러 주었어. 가볍게 몸을 흔들면서 불러 준 노래 가운데는 귀에 익숙한 하와이 민요 '알로 하오에'도 있었단다. 방문객들에게 돌아가며 악수를 청하는 검고 거

친 손을 맞잡고 포옹하며 헤어질 때는 아쉬우면서 뭉클했지. 잠깐
동안의 인연이지만 지구 반대편에서 자신의 삶을 충실히 잘 살아
내고 있는 사람들의 체취를 느낄 수 있었기 때문이야.

우로스섬을 나와 다른 섬으로 이동했단다. 2미터가 넘는 토토라
가 섬 주변에 숲을 이루며 자라고 있었어. 무성한 갈대숲 사이로 새
들이 날아와 자맥질을 하고 퍼드덕거리는 모습이 어린아이가 신이
나서 뛰는 것처럼 보였어. 호수가 넓어 바다 같았지. 햇살에 은비늘
처럼 반짝이는 잔물결이 없었더라면 바다라고 믿었을 거야. 이동
중에 유람선 2층에 올라갔더니 바람도 시원하고 하늘이 더 가까워
졌어. 물결은 잔잔하고 햇살은 따갑더구나. 20대로 보이는 젊은 선
장이 속력을 내며 배를 몰고 가니 긴장이 되기도 했단다.

잉카의 문명이 숨쉬는 따길래섬

한참을 달려 도착한 곳은 따길래섬이었어. 이 섬은 고유한 풍습을 지키며 사는 부족 공동체 사회로 섬 주민들이 생산물과 수입을 공동 관리하며 주민 전체가 광장에 모여 회의도 한대. 이 섬의 광장에 오르려면 약 600여 개의 긴 돌계단으로 이루어진 가파른 언덕을 올라가야 해. 밑에서 볼 때는 그렇게 높을 거라 생각 못했는데 올라가는 게 무척 힘들었어. 과장하면 거의 에베레스트산을 등정하는 수준이야. 가파른 언덕길은 고산증과 겹쳐 정말 고생길이었거든. 직선거리는 300미터 정도인데 뜨거운 햇살을 받으며 해발 4,200미터나 되는 고지대로 올라가는 셈이니 어찌나 힘든지 몇 번을 쉬고 또 쉬어야 했어. 피부도 건조해져서 사방에서 고무줄을 당기듯 팽팽해지는 느낌이었지.

그런데 올라가면서 쉴 때마다 바라본 호수의 풍경은 어찌나 아름다운지 힘든 여정에 지친 심신을 다 풀어 주었어. 쌓아 올린 돌담은 마추픽추에서 본 것처럼 정교하지는 않았지만 단단하게 쌓여 있었단다. 바다 같은 호수는 파도도 없이 고요하고 잔잔했어. 섬 둘레 암벽 위엔 소나무 같은 나무가 자라고 있었고 돌 축대를 쌓아 만든 다랑이 밭에는 노란 유채꽃도 보였어. 우리나라 남해안의 어느 섬에 와 있는 것 같았지. 밭에서 일하는 사람들도 보이고, 풀을 뜯는 소들도 있었고, 방목해 기르는 닭들이 풀숲에서 갑자기 뛰어나와 놀라기도 했단다.

정상이 가까워지면서 민예품을 파는 따길래 사람들이 나타났어. 전통 의상인 통치마 뽀예라스를 입고 허리띠를 둘렀으며, 딱 붙는 조끼를 입고 모자를 썼더구나. 특별했던 건 모두 검은색 바탕의 옷에 색색의 문양을 장식하거나 둘렀다는 점이야. 그래서 더 세련되고 멋졌어. 허름한 가게에는 온갖 민예품들이 다채로운 색을 뽐냈고, 흙먼지가 앉은 음료와 과자도 팔았어.

민예품을 팔고 있는 여인들은 알파카 털 뭉치에서 방추로 빙빙

꼬아 실을 뽑아내는가 하면 베틀에 앉아 화려한 색상과 무늬의 직물을 짜고 있었어. 한시도 쉬지 않고 열심히 일하는 그 모습은 페루에서 만난 잉카 여인들의 공통점이었어.

점심을 먹기로 한 식당을 찾아가면서 돌담을 끼고 골목길을 걷게 되었지. 넓은 호수를 내려다보니 예쁘게 핀 꽃들과 파란 하늘이 어울려 아름다웠어. 점심은 마늘소스를 얹은 송어 구이 '투루체'야. 좁쌀 모양의 키누아 쌀과 감자를 넣어 푹 삶은 구수한 스프와 샐러드를 함께 먹으니 힘들게 올라오며 쌓였던 피로가 다 씻겼어. 섬이라 물이 부족한지 빗물을 받아 둔 통이 마당 한 귀퉁이에 많았어. 양치질을 하고 오면 개운할 것 같았는데, 한 방울의 물도 아껴 쓰는 그들의 생활에 폐를 끼치는 것 같아 겨우 손끝만 씻었단다.

다시 선착장으로 내려가는 길에서 허름한 수레에 과자와 초콜릿을 진열해 놓고 파는 할아버지를 만났어. 그 앞에는 학교에 다녀오는 꼬마 아이들이 군침을 흘리며 서 있었지. 꼬질꼬질한 옷에 반짝이는 눈빛을 가진 아이들은 예전 1960~1970년대 우리가 학교 다닐 때의 그 모습이었어. 그래서 그 아이들에게 정이 가더라. 그런데, 한참을 더 내려오다 혼자 씩씩하게 걸어가는 꼬마를 만났어. 손을 흔들어 인사를 했더니 자기를 사진 찍어도 좋다는 거야. 귀여운 생각이 들어 사진을 찍었더니 맹랑하게도 돈을 달라고 손을 내밀었어. 그 모습이 너무 당당해 내가 먼저 주눅이 들어 돈을 줄 수밖에 없었시. 아이들은 이해타산에 밝으면 안 된나는 건 나의 편견인가. 어쨌든 그 아이는 섬을 찾는 외지인을 통해 살아가는 방법을 익힌 것 같아.

배가 출발하고 얼마 지나지 않아 젊은 선장이 열어 두었던 창문을 닫는 순간, 배 지붕 위 전망대 좌석에 앉아 있던 사람들이 내려오기 시작했어. 좀 전까지 푸르던 하늘에 어디선가 먹구름이 몰려와 하늘을 절반 정도 가리기 시작했지. 점점 어두워졌어. 빗줄기가 쏟아지면서 세찬 바람도 불어 호수가 요동쳤어. 배는 바이킹을 탄 것처럼 흔들렸지. 물살은 포말을 일으키며 뱃전을 때리고 빗줄기는 창을 두드렸지. 어지럽고 울렁울렁 멀미도 났어. 잔잔하던 호수가 이렇게 난폭하게 변하다니 생각지도 못한 일이야. 겨우 스물한 살 젊은 선장이 사력을 다해 키를 붙잡고 있었지. 순간 두렵기도 했어. 나도 모르게 "엄마야!" 하는 비명이 터져 나왔어.

건너편 자리에 앉은 원주민이 겁에 질린 나를 보고 웃어 주었어. 짙은 눈썹의 까무잡잡한 피부가 어딘가 우리 이웃처럼 친근했지. 그 웃음은 괜찮다는 듯 다독여 주는 표정이었어. 나도 미소로 화답하며 마음을 진정시켰단다.

유람선은 무사히 선착장으로 들어왔어. 뭍으로 나오니 언제 그랬냐는 듯 호수는 잔잔해지고 햇살이 비치더구나.

뿌노의 저녁 거리 풍경

뿌노의 저녁은 초겨울 날씨처럼 쌀쌀했어. 상가와 레스토랑이 모여 있는 거리에 들어서자 레스토랑의 눈치 빠른 지배인이 메뉴판을 들고 호객 행위를 했어. 그 지배인은 고객이 뭘 원하는지 정확히 이해하는 사람 같았어. 말은 잘 통하지 않았지만 음식 사진이 붙어 있는 메뉴판을 보고 생선이나 감자, 닭고기가 든 수프를 먹을 수 있냐고 물어보니 가능하다고 했어. 페루에 왔으니 꼭 먹고 가야 할 꾸이(기니피그)도 함께 주문했어. 출입문 앞에 앉아 오가는 사람도 구경하고 화덕에서 구워지는 피자도 군침을 흘리며 지켜보면서 기다리는데 꾸이 요리가 나왔어. 먹어 보니 야들하고 쫄깃한 식감이 마치 닭의 긴 목에 붙은 근육 살을 먹는 바로 그 맛이었어. 꾸이는 설치류라 쥐처럼 생겼지만 이곳 원주민들에게는 쉽게 길러서 양질의 단백질을 얻을 수 있는 중요한 식재료야. 태어난 지 3개월이 지나면 임신을 해서 26일 만에 새끼를 낳는다고 해. 꾸이는 통째로 양념에 재워서 향신료와 기름을 바른 다음 30분 동안 구워서 먹는데 모양과 맛이 통닭과 비슷해. 영양가도 풍부하고 콜레스테롤이 적어 잉카 시대 이전부터 귀한 손님을 대접하는 음식이었대.

쌀쌀한 저녁 날씨에도 패딩 점퍼를 입고 레스토랑 문 앞에서 호객 행위를 하는 직원의 삶에 대해 생각해 보았어. 그는 누군가의 아버지로, 아들로 충실하게 살아가고 있겠지. 호객이 안 될 때는 어딘가로 슬그머니 가더니 담배 한 대를 물고 나타났어. 그 모습이 쓸쓸해 보이지는 않았어. 자신에게 허락한 잠시의 쉼표 같은 시간을 즐기는 것처럼 보였기 때문이야.

뿌노 안녕!

오전 7시 20분 투어 버스를 타고 볼리비아 입국을 위한 출입국사무소로 향했어. 파란 하늘은 한국의 가을 하늘을 닮았더구나. 버스는 티티카카호수를 끼고 달렸지. 호수에는 송어 양식장도 있었는데 규모가 컸어. 간간이 알파카, 야마 등의 가축을 몰고 가는 원주민들의 모습도 보였지. 산비탈에는 다랑이논처럼 축대를 쌓아 계단식 밭을 일구어 놓았는데, 호수 옆이라 물 걱정이 없으니 농사는

잘될 것 같았어.

　남쪽으로 두 시간을 넘게 달려간 버스는 페루 국경 도시 융구요에 도착했지. 이곳에서 볼리비아 국경 초소까지는 약 20분 정도 걸려. 페루에서는 마지막이라고 할 수 있는 휴게소에 들렀는데 휴게소라고 해 봐야 아주 작은 구멍가게 규모야. 음료수와 과자 종류도 팔고 있었고 국경이라 환전상도 많았어. 1솔을 내고 화장실에 갔어. 페루의 공공시설이나 사람 많이 모이는 곳에 있는 공중화장실은 대부분 유료야. 이런 화장실에 갔다가는 당황스러울 때가 많아. 화장실 변기에 뚜껑이 없는 곳이 많거든. 차갑고 불결한 변기에 앉아 볼일을 보려면 곤혹스러워. 처음에는 부서졌는데 미처 수리를 안 했나 생각했는데 몇 군데 다니다 보니 일반적인 현상이었어.

　그런데 이유를 알아보니 엉뚱했어. 그것은 변기 뚜껑 도둑이 극성을 부려 웬만한 화장실에 변기 뚜껑을 아예 달지 않는다는 거야. 변기 뚜껑을 뜯어다 팔면 얼마나 돈이 된다고 그것까지 팔아야 할 정도인지 어이가 없었지. 일부 도둑 때문에 공공시설물에 대한 신뢰가 떨어지고 많은 사람들이 불편을 겪어야 되는 상황이 안타깝더구나. 변기 뚜껑 없는 화장실은 볼리비아에서도 마찬가지였어.

　페루에서 볼리비아로 넘어가는 국경에는 관광객과 현지 주민으로 붐볐어. 국경을 넘어갈 때도 통행세를 내야 해. 투어 버스에 큰 짐을 실어 놓고 페루 출국사무소에서 여권에 도장을 찍고 나와

100미터 정도를 걸어 아치형 구조물을 통과하면 볼리비아 삼색 국기가 펄럭이며 반겨 줘. 볼리비아 입국사무소에 들어가 다시 여권에 도장을 받아야 해. 입국 수속이 까다롭지는 않아. 볼리비아에 오기 전 미리 준비해 둔 황열병 예방 접종 증명서와 비자가 있었기 때문이야. 시계를 꺼내 페루보다 한 시간 늦추었어. 페루와 볼리비아는 한 시간의 시차가 나기 때문이야.

국경을 넘는 게 너무나 간단했어. 외국인들이 우리나라 남북 분단의 상징인 DMZ 철조망을 얼마나 생경하게 생각할지 이해가 되더라. 실제 외국의 여행 마니아들은 한국의 휴전선을 무척이나 보고 싶어 한대.

볼리비아

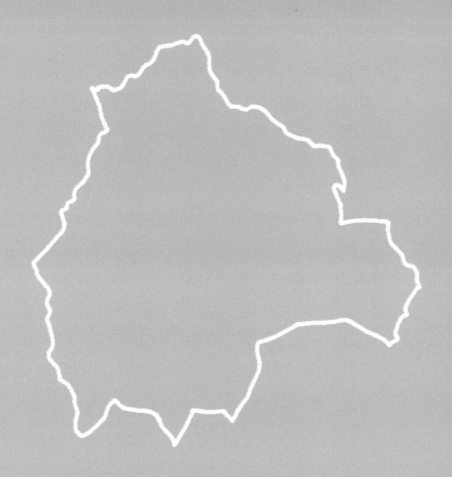

코파카바나 해변에서 라파스 가는 길

볼리비아로 들어서자 티티카카호수는 짙은 에메랄드빛 바다색을 보여 주었어. 국경 초소에서 20분을 더 달려 항구 도시 코파카바나에 도착했지. 하늘보다 더 파란 호수가 펼쳐졌어. 어제 오후 격랑이 치던 호수와는 다른 모습이었어. 코파카바나 해변에는 호수를 바라보며 우뚝 서 있는 호텔 앞에 간이식당과 레스토랑이 줄지어 있어. 노랗고 빨갛게 칠한 원색의 건물과 푸른 호수에 떠 있는 하얀 보트 색이 이루는 조화가 아름다운 곳이야.

포장마차 같은 간이식당에 들어갔지. 엄지손톱만큼 굵은 강냉이와 튀긴 강냉이를 먼저 내놓았어. 설탕에 버무린 달콤한 강냉이 튀밥도 함께 먹었어. 너무 달아서 많이는 못 먹겠더라. 티티카카호수에서 잡은 송어에 마늘소스로 양념해 구운 트루체를 주문했지. 전혀 느끼하지 않고 입맛에 맞았어. 고소한 껍질까지 씹어 먹었지. 감자와 밥과 토마토, 오이가 곁들여 나왔는데 입맛에도 맞고 맛있었어. 에어컨도 없는 식당이었지만 호수에서 불어오는 바람이 더위를 싹 씻어 주었단다.

이 코파카바나 해변은 바다가 없는 내륙 국가인 볼리비아 사람들이 누구나 오고 싶어 하는 휴양지래. 고산병 증세가 생겨 주변의 낮은 언덕이나 산으로 올라가고 싶었는데 갈 수 없었어. 대신 그곳에서 나들이 나온 현지인 가족을 만나 함께 사진도 찍고 시간을 보냈지. 한국에서 산 예쁜 입체 스티커도 십대인 딸들 얼굴에 붙여 주고 남은 건 선물로 주었지. 말이 통하지 않아도 우리는 지구촌 이웃이었단다.

휴대폰으로 외교부에서 보낸 문자가 여러 번 도착했어. 티티카카 호수 안에 있는 태양의 섬은 위험 지역이니 여행을 자제하라는 내용이었어. 그곳은 잉카 탄생의 전설이 있는 신성한 섬이라 많은 여행객들이 찾는 곳이야. 그런데 2018년 1월, 한국인 40대 여성 분이 혼자 여행을 왔다가 살해당하는 사건이 발생하면서 위험지로 분류되었지. 평화로운 섬에서 그런 끔찍한 일이 있었다는 사실을 떠올리며 다시 경계심을 갖게 되었어.

코파카바나에는 '검은 마돈나'를 모셨던 400년 역사를 가진 대성당이 있어. 보석으로 덮인 망토와 금관을 쓴 성모 마리아상은 원주민 예술가인 프란시스코 티토 윤판쿠가 검은 나무에 용설란 섬유로 만든 이후 수많은 기적이 일어나 유명해졌다고 해. 가톨릭 신자들이 찾는 순례지이기도 하지. 현재 진품은 다른 곳으로 옮겨 놓았고 모조품이 그 자리에 있대. 가장 원초적인 잉카 탄생 전설과 검은 마돈나의 기적은 묘한 관련이 있어 보여. 그만큼 태양의 섬은 이곳 사람들에게 의미 있는 곳일 거라는 생각을 해 봤단다.

❋ 볼리비아는 남미의 티베트라 불리는 내륙 국가다. 국토 대부분이 해발 3,200~4,100미터의 고원 지대에 있다. 헌법상 수도는 사법기관이 있는 수크레이지만 국회와 행정부가 있는 라파스가 실질적인 볼리비아의 수도이다. 스페인의 침략으로 300년간 식민지가 되었는데 1825년 베네수엘라 태생 시몬 볼리바르와 수끄레 장군이 볼리비아를 독립시켰다. 이후 볼리바르 장군을 기념해 나라 이름도 볼리비아라고 짓고 화폐 단위도 볼리비아노라고 한다.

볼리비아는 1825년 독립 이후 문민 통치가 이루어지기 시작한 1982년까지 157년간 무려 189회나 쿠데타가 발생했다. 이웃 나라들과 여러 차례 전쟁을 치러야 했고 그때마다 패배하였다. 남아메리카 국가 중에서 유일하게 바다가 없는 까닭 역시 1879년 칠레와의 전쟁을 겪으며 태평양 연안을 포함한 영토의 절반 이상을 잃었기 때문이다.

볼리비아는 주석, 아연, 텅스텐, 유황, 금, 은, 구리와 같은 광물과 석유가 묻혀 있고, 천연가스는 남미에서 베네수엘라 다음으로 2위 매장 국가인 자원 부국이지만 그 혜택은 국민과 국가 경제에 돌아가지 않아 대다수 국민들은 늘 가난하다. 국가의 부는 외국 기업과 결탁한 소수 기득권층이 독차지해 대부분을 외국 자본에 팔아넘긴 상태다. 볼리비아는 남미에서 문맹자도 가장 많고 가난하지만 아직도 옛 전통을 지키며 살아가는 원주민들의 모습과 따뜻한 인정을 듬뿍 느낄 수 있는 나라다.

볼리비아는 안데스 산맥의 중심에 위치해 있는 지리적 여건 덕에 자연 경관도 매우 아름다운 곳이다. 잉카의 탄생 설화를 가진 세계에서 가장 높은 곳에 위치한 티티카카호수의 40% 면적을 차지하고 있고, 우유니 소금 사막, 아마존 등 다양한 자연환경과 유적지가 있다. 공용어는 스페인어이며, 원주민 가운데 30%는 케추아어를 쓰고 25%는 아이마라어를 쓴다. 볼리비아 국기에 있는 빨간색은 스페인 식민지 시절 독립운동을 했던 혁명가들의 피, 노란색은 볼리비아의 풍부한 천연자원, 초록색은 볼리비아의 정글과 아마존을 뜻한다.

코파카바나에서 라파스까지는 잘 닦인 포장도로를 이용해 세 시간 정도 걸려. 가는 동안 고원 지대의 지평선이 보이는 평원도 만나고 푸른 하늘을 배경으로 펼쳐지는 하얀 설산의 멋진 풍경도 보았지. 티티카카호수를 곁에 두고 경사진 도로를 지나 곧게 뻗은 도로로 들어섰을 때 갑자기 하늘이 어두워지더니 비가 오고 돌풍이 불었어. 버스가 흔들릴 정도였지. 따다닥 돌 떨어지는 소리가 나더니 하늘에서 알사탕 같은 하얀 얼음덩어리가 마구 쏟아졌어. 한 10여 분간 퍼붓더니 눈을 꼭꼭 뭉쳐 놓은 것 같은 우박이 도로를 덮더구나. 그리고 또 언제 그랬냐는 듯 해가 났어. 참 짓궂은 티티카카호수의 날씨더구나.

호수의 폭이 좁아지는 항구 띠끼나에서는 버스에서 내려야 했어. 아직 다리가 없어서 사람들은 배를 타고 건너고 자동차는 바지선을 타고 따로 호수를 건너야 한대. 띠끼나엔 볼리비아 해군 기지가 있었어. 하얀 정복을 입은 군인들이 눈길을 끌었고 행군 훈련을 하는 군인들도 볼 수 있었단다.

세계에서 가장 높은 곳에 있는 도시 라파스

티티카카호수를 건넌 버스는 지평선이 끝없이 펼쳐진 평원의 한 가운데를 달리고 있었지. 주택도 자연도 페루와는 또 달랐어. 적벽 돌집이 많았는데 대부분 공사 중인 듯 철근이 삐죽삐죽 드러나 있었지. 도시 외곽의 길은 바닥이 파헤쳐져 배수로 공사나 도로 포장이 한창이어서 차량이 지날 때마다 뽀얗게 흙먼지가 일었어. 건축 도중에 중단된 폐건물도 많아 을씨년스럽고 산만해 보이기도 했어.

시장을 지나 라파스 외곽의 도시로 접어들었는데 공장이나 사무실, 상가 건물의 섀시가 내려진 곳이 많아 평일인데도 일요일처럼 한산한 거야. 좁은 도로 옆에 낡은 회색 건물은 굳게 닫힌 문 때문에 폐가처럼 느껴지더구나. 무슨 일인가 했더니 총파업에 들어갔기 때문이래. 볼리비아는 사회주의 국가야. 가장 인기 있는 직업은 이곳에서도 변호사래. 파업도 자주 일어나고 노동 관련 소송이 많기 때문이지. 파업은 자본가에 비해 약자인 노동자들이 할 수 있는 가장 적극적인 저항이야. 노사 문제의 현명한 해결책은 어디서나 필요하지. 문제 해결을 위해선 역지사지의 정신이 제일 중요하다고 봐.

라파스로 가기 전 중간 도시인 알토에서 첫눈에 들어온 것은 철

재로 만든 체 게바라 동상이었어. 검은 베레모를 쓰고 오토바이를 타고 달리는 그의 모습은 전 세계 젊은이들이 즐겨 입는 티셔츠에 담겼고 우리나라 옷가게에도 진열되었지. 쿠바의 피델 카스트로와 함께 남미 지역에서 제국주의를 몰아내고 라틴 아메리카를 하나로 통합하려고 앞장서서 피 흘리며 저항했던 체 게바라였어. 의대를 졸업했지만 의사의 길을 걷는 대신 사회의 병을 고치는 혁명가가 된 그의 이름을 불러보면 가슴이 뛰는구나. 그는 1967년 볼리비아 혁명 당시 볼리비아 정부군에게 사로잡혀 총살당했어. 짙은 눈썹에 먼 곳을 바라보는 눈, 덥수룩한 머리에 시가를 물고 있는 그의 모습은《체게바라 평전》의 표지가 되기도 했지. 체 게바라 동상 앞을 지나면서 버스는 서서히 라파스 시내로 진입하기 시작했어.

라파스에 들어서자 여기저기서 탄성이 터져 나왔어. 내리막길로 접어드는 곳이라 라파스 분지 전체의 모습을 조망할 수 있었기 때문이야. 라파스는 세계에서 가장 높은 4,000미터 고산 지대에 위치한 인구 100만 명이 넘게 사는 대도시야. 자갈과 모래와 흙이 섞인 콘크리트처럼 생긴 토양이 경사진 언덕을 이루고 있는데 그 위에 '엘 알토'라는 빈민촌이 병풍처럼 도시를 감싸고 있었어. 알록달록한 색으로 칠한 집들이 가파르고 깊은 협곡을 따라 다닥다닥 붙어 있었단다. 지진이 일어나거나 큰 비가 와서 산사태라도 나면 대책 없이 무너져 버릴 것만 같았어. 그런 위험에도 가난한 서민들은 어쩔 수 없어 이곳을 떠나지 못하고 자신들의 삶을 살아가고 있는 거겠지.

묵게 된 숙소는 계곡의 중간 지점에서 더 아래로 내려간 곳에 있었어. 구시가지이긴 해도 주변에 시장과 상가, 호텔이 있고 사무용 고층 건물들이 밀집해 있었단다. 도로는 좁고 차량 통행량은 많아 혼잡했지. 그대로 폐차장으로 보내야 할 것 같은 차량들이 검은 연기를 쏟아내며 달리는 모습은 위험해 보이고 무섭기도 했어.

시장에서 길을 잃다

저녁을 먹기 위해 찾아간 전통 시장엔 늦은 밤까지 많은 사람들이 모여 있었어. 음악소리도 들리고 집회 같은 것도 하고 있었지. 제대로 된 식사를 할 수 있는 식당을 찾아 도로변 상가만 기웃거렸어. 저녁 7시가 넘어 어둑해지니 미로처럼 이어진 시장 골목길은 여행자에겐 위험하게 느껴져 풍덩한 겉옷으로 몸을 감싸고 모자를 푹 눌러 쓰고 다녔어.

마땅한 식당을 찾지 못해 노점에서 음식을 사 먹을까 하다가 위생 문제가 신경 쓰여 사람들이 많이 들어가는 환하게 불 켜진 식당엘 갔지. 마침 메뉴판이 벽에 음식 사진과 함께 붙어 있어 사바로라는 생선 요리를 주문했어. 선불을 요구하기에 돈을 주고 기다리는데 자꾸 와서 뭐라고 묻는 거야. 무슨 말인지 도통 알아들을 수 없어 손짓으로 빨리 먹고 싶다고 오른손으로 먹는 시늉을 했더니 식당 주인이 웃으면서 고개를 끄덕이며 10여 분 후 음식을 갖다 주었어. 생선 튀김과 구운 감자가 곁들여 나왔어. 먹으면서 생각하니 구운 걸 먹겠느냐, 튀긴 걸 먹겠느냐고 물어본 것 같았어.

식탁 위 한쪽에는 붉은색 작은 플라스틱 대접에 걸쭉한 소스가 담겨 있더구나. 마치 새우젓을 갈아 놓은 것처럼 연분홍색인데 양파나 고추 같은 것도 잘게 다져 넣은 것 같았어. 무더운 날씨에 뚜껑도 덮지 않고 놔 둔 소스가 상하지나 않았을까 염려되어 선뜻 손이 가지 않았는데, 소스를 덜어 먹을 수 있도록 작은 스푼을 담가 놓았더구나.

여행을 와서 현지 음식을 먹을 때는 최대한 현지인들의 식습관을 따라해 보겠다는 생각을 갖고 있었기에 한 스푼 떠서 생선 튀김에 얹어 먹었더니 매콤하면서도 짭짤한 게 튀김 요리의 느끼함을 싹 잡아 주었어. 마치 청양고추 한 조각을 먹고 개운해진 느낌이었다고나 할까. 그러고 보니 고추의 원산지도 남미였어.

✸ 고추에 담긴 역사

고추는 스페인과 포르투갈 사람들에 의해 브라질, 아프리카, 인도 등전 세계로 빠르게 전파되었다. 인도로 전파된 고추는 마치 인도가 원산지인 양 현지 환경에 잘 적응했고 인도 음식에는 고추가 적절하게 활용되고 있다. 세계에서 가장 매운 고추는 부트 졸로키아(bhut jolokia)인데인도 북동부에서 재배되고 있다. 특히 아삼 지방 고추는 매운 맛이 워낙 강해 그 지역 사람들이 유령고추라고 부른다.

무더운 동남아시아 지역 요리에도 고추는 없어서는 안 되는 식재료다. 수프와 튀김 요리에도 쓰이고 샐러드나 국수에 고명으로 장식되기도 한다. 요리할 때 고추를 넣으면 육고기의 누린내나 물고기의 비린내가 중화되고 보존성도 높아지며 식욕을 촉진시킨다. 비타민 A와 C가 많아 영양학적 효과도 높다.

고추는 야생종이 발견되지 않아 멕시코가 원산지인지 페루가 원산지인지 확실하게 밝혀지지 않았다. 페루에서는 기원전 1세기경의 유적에서 원수민이 사용한 것으로 보이는 옷감에 고추의 모양이 나타나고, 해안 가까운 무덤에서도 고추의 흔적이 나왔다.

확실한 것은 콜럼버스가 1492년 제1차 항해 때 남미 대륙으로부터 고추의 과실을 스페인에 가져갔다는 것이다. 콜럼버스의 제2차 항해 때 의사였던 찬카(Chanca)가 1494년에 기록해 놓았기 때문에 알 수 있다. 고추를 지칭하는 이름은 지역마다 조금씩 달랐다. 멕시코에서는 Assi와 Chili, 아이티에서는 Axi였다. 지금은 칠리(Chili)라는 이름으로 불린다.

숙소로 돌아오는 길에 과일 노점에서 체리를 20볼어치 샀어. 1볼은 한국 돈으로 계산하면 약 160원이야. 한국에서 그 정도 분량의 체리를 사려면 1만 원 이상은 줘야 했을 거야. 딸기, 자두, 살구, 복숭아 등 한국에서 먹던 과일도 진열되어 있어서 익숙하고 친근했어. 딸기의 원산지도 아메리카 대륙이야. 우리가 먹는 딸기는 북아메리카 동부 지역의 야생 딸기와 남아메리카 칠레의 야생 딸기를 18세기 무렵 유럽에서 교잡하면서 재배하게 되었지. 약 200년간 품종이 개량되고 확산되면서 이젠 여름뿐 아니라 한겨울에도 딸기를 먹을 수 있는 시대가 되었단다.

늦은 밤인 아홉 시가 넘었는데도 거리에는 여러 가지 다양한 물건을 파는 사람들이 많았어. 그런데, 구경하는 데 정신이 팔려 숙소로 가는 길을 잃었지 뭐야. 나올 때 숙소가 표기된 지도를 가져왔어야 했는데 낯선 곳에서 눈앞이 캄캄했어. 숙소인 호텔 이름은 로사리오, 하얗게 칠해진 깔끔한 고층 건물이라 어디서든 찾을 수 있을 거라고 방심했던 게 불찰이었어.

주변 거리를 왔다 갔다 배회하다가 과일을 샀던 노점상에게 호텔 이름을 대고 가는 길을 알려 달라고 부탁했어. 다행히 가까운 곳에 있었지. 가까운 곳에 두고도 찾지 못했던 건 나올 때와는 달리 호텔 출입문을 아예 접이식 철제문으로 이중으로 잠금 장치를 해 달아 놓았기 때문에 알아보지 못했던 거야. 치안이 안 좋다 보니 강도나 범죄자들로부터 피해를 막기 위한 방편인가 봐.

밤 9시 30분 드디어 숙소에 도착하니 식은땀이 났던 등줄기가 마르고 안정이 되었어. 정신 바짝 차려야겠다고 마음을 다잡았지. 7층 방에서 밖을 내다보니 반짝이는 불빛이 검은 비단에 수를 놓은 듯 아름다웠단다.

우유니 가는 길

우유니로 가기 위해 찾은 라파스공항은 깔끔하게 정돈되어 있었어. 공항에서 바라본 와이나포토시산의 하얀 만년설이 푸른 하늘과 어울려 더 멋있었지. 비행기가 45분 연착하는 바람에 공항 대합실에서 볼리비아에서 4년째 근무한다는 한국 기업 주재원을 만나이야기를 나누었난다. 중·고생인 아이를 이국땅에서 키우는 이야기, 현지 생활에 대한 이야기와 문화의 차이 등에 대해 이런저런 이야기를 들을 수 있었지. 현재 국제학교에 다니는 아이를 방학이면 한국에 보내 한국 문화를 접하게 하고 친지도 만나게 한다고 했어. 해외에서 현지 교민을 만나면 반갑고 헤어질 때는 왠지 애틋한 생각이 들어.

라파스공항에서 출발한 비행기는 우유니가 가까워지면서 끝없이 넓은 모래사막 위를 날고 있었어. 황량한 사막 사이로 하얀 바닥도 보였어. 비행기가 우유니공항에 도착했을때 공항 주변은 어딘지 모르게 썰렁해서 거친 벌판 위에 서 있는 기분이었지. 투어 차를

타고 우유니 시내를 지날 때 사회주의 국가의 정체성을 엿볼 수 있는 노동자와 총을 든 병사의 조형물이 중앙 분리대에 서 있었어. 외곽 도로는 건조한 기후에 강수량이 적은 탓인지 나무도 거의 볼 수 없었단다. 지나가는 차량이라도 있으면 흙먼지가 뿌옇게 일었어.

기차 무덤

시내를 벗어난 지 얼마 되지 않아 녹슨 철길과 기관차가 있는 곳으로 갔단다. 낡고 녹슬어 세월의 흔적이 묻어나는 객차와 화물차, 철도 레일과 골조가 사막 한가운데 방치된 것처럼 흩어져 있었어.

멈춰 선 기차는 붉게 녹슬어 관광객들의 놀이터처럼 변해 버렸어. 기차 무덤이라 불리는 이곳에서 사람들은 기차 지붕 위에 올라가 두 팔을 벌려 사진을 찍고, 골조만 남은 창문으로 고개를 내밀어 사진을 찍느라 자리다툼을 벌였지. 기차 무덤이라는 이름은 너무 쓸쓸하고 슬퍼. 제 역할을 다한 기차의 안식처라고 불러 줘야 할 것 같아.

우유니 북동쪽에 있는 포토시에는 스페인 식민지 시대에 개발된 은광이 있어. 당시 광산에서 일하던 사람들은 신이 화내지 않도록 땅을 파기 전에 꽃과 사탕을 바쳤대. 지금도 여전히 은을 토해내는 광산은 과거 스페인이 부를 축적하는 데 크게 기여했지.

1880년대에 들어온 영국계 자본은 포토시와 우유니 광산에서 생산되는 광석을 칠레의 안토파가스타 항구까지 수송하기 위해 철도를 건설하고 이곳에서 채굴한 은과 주석과 텅스텐을 실어 날랐어. 그런데 200년 넘게 유럽으로 퍼 나르던 자원이 고갈되면서 광산업이 쇠락해 기차는 1940년 이후 더 이상 달릴 수 없게 된 거야.

칠레와의 전쟁으로 바다로 나가는 길을 잃고 국가 기간산업의 동맥이라 할 수 있는 철도도 활용하지 못하는 볼리비아의 현실이 안타까웠어. 그래도 볼리비아는 그 역사의 현장을 민족 교육의 장으로 관광 자원으로 활용하고 있더구나.

사진을 찍다가 젊은 한국인 아가씨를 만났는데 코이카 단원이라고 했어. 유창한 스페인어로 현지인을 리드하는 모습이 무척 듬직

하고 자랑스러웠어. 낯선 곳에서 고생하지만 의미 있는 일을 한다고 격려해 주었지. 헤어질 때는 꼭 안아 주었어. 서로 사진을 찍어 주고 같은 한국인으로서 정을 느꼈던 짧은 시간이었지만 코이카 단원 박진설 양을 기억할 거야. 지금도 도전과 희생 정신으로 지구촌 곳곳에서 자신의 꿈을 키우며 더 나은 세상을 만들기 위해 노력하는 우리의 젊은이를 응원한단다.

소금 사막을 찾는 관광객들을 대상으로 소금과 공예품을 파는 콜차니 마을에 들렀어. 우유니 소금 사막 입구에 있는 이 마을에는 사막에서 가져온 소금이 수북하게 쌓여 있는 곳도 있었지. 마을의 담을 쌓거나 집을 지을 때 사용한 흙벽돌과 암염은 마을 분위기를 더 우중충하게 했어. 나무가 보이지 않으니 더 황량해 보였어.

노점에서는 소금 덩어리로 공예품을 만들어 팔거나 소금을 조금씩 봉지에 넣어 팔고 있었지. 다른 민예품이나 다채로운 색의 옷이나 모자를 팔기도 했어. 그곳에서 점심을 먹고 있는 젊은 아버지와 어린 여자아이를 만났단다. 머리카락은 헝클어져 흘러내리고 콧물이 허옇게 말라붙은 아이는 핸드폰 게임에 푹 빠져 있었어. 어떤 게임인가 싶어 들여다보니 해골이 기타를 들고 음악에 맞춰 노래 부르며 흔들흔들 춤을 추는 장면인 거야. 어찌 보면 엽기적인 게임 캐릭터인데 귀엽고 예쁜 아이가 해골을 두려워하지 않다니 우리와는 사뭇 다른 문화였어. 밥을 먹으면서도 핸드폰 게임을 하고 있는 모습은 우리 아이들과 같더구나.

거친 자연의 경이로움, 우유니 소금 사막

우유니 소금 사막으로 가는 길은 2년 전만 해도 비포장도로였다는데 지금은 2차선 도로로 포장이 되었어. 열두 시간 걸리던 거리가 아홉 시간으로 줄었대. 끝없이 이어지는 메마른 평원을 지나가는 길에 사막 사슴인 비쿠냐 떼와 야마 무리를 만났어. 비쿠냐는 야생 동물이고 야마는 볼리비아 정부에서 관리한다고 해. 햇볕이 뜨거운 모래와 흙으로 뒤덮인 벌판에도 선인장과 풀이 자라고 있었지. 어떻게 비도 거의 오지 않는 곳에서 생물들이 살아갈 수 있을까 의문이야.

우유니 소금 사막 입구가 가까워질수록 싸락눈이 쌓인 듯 온통 새하얀 세상으로 변하고 있었어. 넓디넓은 소금 사막에 펼쳐지는 하얀 지평선과 그 위로 펼쳐지는 파란 하늘은 너무나 아름답고 신비로웠어. 지프차가 달릴 때는 마치 하얀 눈이 쌓여 다져진 얼음판 위를 달리는 기분이었지.

투어 차량이 멈추더니 운전기사는 소금 사막 한가운데 우리를 내려 주었어. 우유니 세리머니, 즉 온통 하얗기 때문에 원근감이 무

시되는 공간이기에 재미있는 착시 효과를 볼 수 있는 사진을 찍기 위해서였어. 먼저 하늘을 향해 점프하면서 찍는 사진은 온 힘을 다 하지 않아도 높이 뛴 것처럼 보여. 완벽한 평지인 하얀 바닥에 까만 그림자가 길게 잡히기 때문이야. 공룡 모형을 앞에 두고 발을 들고 찍으면 거인이 공룡을 밟고 있는 것 같은 모습이 돼. 멀리 있는 사람을 손바닥 위에 올려놓은 듯 착시 효과도 내고, 공룡의 입속으로 빨려 들어가는 모양으로도 찍을 수 있어. 음악을 틀어 놓고 춤을 추며 동영상을 찍기도 했지. 여행객들은 아이들처럼 깔깔 웃으며 그 시간을 즐겼단다.

　나는 거북이 등껍질처럼 육각형으로 규칙적으로 퍼져 나가는 하얀 소금판 위를 걸었단다. 울퉁불퉁한 표면은 소금물이 솟아올라

물이 증발된 흔적으로 보였어. 건기의 바람과 강한 햇빛에 의해 만들어진 이 놀라운 자연 현상이 그저 신비로울 따름이었어. 하얀 소금판 위에 벌렁 드러누웠단다. 오랜 시간 응고와 용해를 반복한 소금 결정체가 등에 닿는 느낌은 마치 하얀 눈이 다져진 얼음판에 누운 것 같았지. 파란 하늘에서 쏟아지는 햇빛 때문에 눈이 부셨어. 선글라스를 끼지 않으면 눈동자가 그 강한 빛에 타 버릴 것만 같았지.

하얀 소금판 위에 철퍼덕 주저앉아 하얀 지평선과 쪽빛보다 더 파란 하늘이 만나는 지점을 바라보고 있으니 이 세상이 아닌 것만 같았어. 눈앞에 펼쳐지는 지평선은 아득하기만 하고 소금 사막과 하늘과 하얀 구름뿐이었어. 우유니에서 바람과 햇살을 통해 느꼈던 감동은 평생 잊을 수 없을 거야.

☀ 안데스의 소금 호수와 백색 황금 리튬

우유니 소금 사막 역시 원래 바다였으나 지각 변동으로 솟아올라 거대한 호수를 이루었다가 건조한 사막 기후로 인해 소금만 남아 소금 사막이 되었다. 해발 3,650미터에 위치한 우유니 소금 사막은 동서 길이가 120킬로미터, 남북으로 100킬로미터로 우리나라의 경상남도 크기다. 우기인 12월~3월에는 물이 빠지지 못하고 소금 위에 20~30센티미터 정도 고여 주변의 땅과 하늘이 거울처럼 호수에 비치는 절경을 이루고, 밤에는 하늘의 별들이 호수 속에 빠진 듯 하늘과 땅이 하나가 되는 장관을 이룬다.

우유니 사막 전체는 60센티미터 정도의 하얀 소금판으로 뒤덮여 있다. 가장 깊은 곳은 두께가 120미터나 되는데 소금판 아래에는 엄청난 지하자원이 매장되어 있다고 한다. 특히 500만 톤이나 매장되어 있고 추정되는 리튬은 전기자동차 배터리를 만들거나 비행기 합금 원료나 핵융합 원료 물질로 쓰인다. 리튬은 백색 황금이라 부를 정도로 귀한 대접을 받는다. 볼리비아 정부는 외국 기업이 들어와 리튬을 그냥 수입해 가기보다 볼리비아 내에서 배터리나 산업용품을 생산하기를 기대한다고 밝혔다.

전 세계 리튬 매장량의 50~80%는 남미 3개국 볼리비아, 칠레, 아르헨티나 국경 지역에 있다. 볼리비아가 낮은 법적 안정성, 관리의 부정부패, 모호한 분쟁 해결 절차 때문에 외국 기업들이 투자를 꺼리는 것에 비해, 칠레와 아르헨티나는 외국인 투자 유치에 아주 적극적이다. 우리나라 기업인 포스코와 삼성SDI는 칠레산 리튬을 원료로 현지에서 배터리 양극재를 생산하는 글로벌 리튬 산업 사업자에 선정되었고, 특히 포스코는 자연증발식이 아닌 리튬 직접 추출 기술을 개발하여 경쟁력이 탁월하다는 평가를 받고 있다.

잉카와시 '물고기 섬'

다시 지프차에 올라 또 달렸어. 지평선에 점 하나가 보여 가까이 가니 섬이었단다. 소금 사막에 있는 이 섬은 모양이 물고기를 닮았

다고 해서 원래 이름인 잉카와시 대신 '물고기 섬'이라 불러. 소금
으로 둘러싸인 온통 바위뿐인 곳인데 나무처럼 우뚝우뚝 서 있는
선인장의 끈질긴 생명력에 감탄했어. 수천 수백의 선인장이 산호
화석에 뿌리를 내린 채 살아가고 있었기 때문이야. 그것은 마치 옛
날 이곳을 가득 메웠을 무수한 생명을 추념하는 공동묘지의 비석
처럼 보이기도 했어. 이 선인장은 1년에 딱 1밀리미터씩 자란다고
해. 그러니 이곳에서 가장 큰 1,203밀리미터짜리 선인장의 나이는
1,203세라고 해. 여러 겹의 가시들로 촘촘하게 줄기 표면을 감싸고
처절하게 살아남아 천 년 넘게 이 섬을 지켜 온 선인장이 바로 이
섬의 주인인 거야.

　햇살도 따가운 이곳에서 토끼를 닮은 비스카차라는 동물도 살
고 있고 다른 식물들도 살고 있었어. 선인장 꽃은 어찌 그리 노랗고

빨갛고 선명한지 척박한 땅에서 피워낸 그 빛깔이 대견하기만 했지. 풍화된 바위를 손으로 긁지 말라는 안내문과 함부로 소변을 보지 말라고 붙여 놓은 안내문이 눈길을 끌었어. 화장실을 이용하려면 물고기섬 입장료 티켓을 끊고 들어가야 하니 볼일이 급한 사람들이 쏟아낸 노란 물줄기가 하얀 소금판 위에도 바위 귀퉁이에도 지워지지 않는 얼룩을 남겨 놓은 모습을 흔하게 볼 수 있었어. 누군가의 시선을 피해서 적당한 자리를 찾아 일을 보고, 또 누군가는 그 모습 보지 않으려 적당히 시선을 피했을 모습을 상상하니 웃음이 나오더라.

매년 1월 4일 아르헨티나의 부에노스아이레스를 시작으로 칠레와 볼리비아의 우유니 소금사막을 거쳐 1월 17일 아르헨티나로 돌아가는 경주용 자동차 경기가 열려. 이 경기를 기념하는 조형물 주변에는 여행자들이 모여 사진을 찍기 위해 줄을 서 있었어.

가까운 곳에 소금 호텔이 있었어. 바람이 어찌나 센지 세계 각국의 국기가 바람에 펄럭였고 볼리비아 국기는 끝 부분이 찢어진 채로 펄럭거렸어. 우리나라 태극기도 보여서 반가운 마음에 몇 번이나 보고 또 보았지.

소금 호텔은 에스키모인이 눈덩어리를 잘라 이글루를 만들듯 소금 덩어리를 잘라 지은 거야. 실내의 침대나 탁자, 의자, 장식 조각품 모두 소금으로 만들었어. 바닥에도 발이 빠질 정도로 모래 같은

고운 소금이 쌀려 있었시. 흰색의 단조로움을 극복하기 위해서인
지 원주민들의 문양과 다채로운 색상의 천을 벽과 천장에 둘러서
장식을 해 놓아 색다른 느낌이었어. 이곳에서 잠은 잘 수 있지만 목
욕은 할 수 없어. 화장실도 유료고 바닥에 뚫린 구멍에 소변만 볼
수 있지. 우유니 소금 사막의 환경을 보존하기 위한 노력이라고 이
해했어.

투어 차량 운전자가 소금 탁자 위에 점심상을 차려 주었어. 닭고
기와 소시지, 토마토, 야채샐러드를 메뉴로 한 간단한 점심이었지
만 정말 맛있게 먹었어. 후식으로 먹은 수박도 달콤하고 시원해서
무더위와 갈증을 씻어 주었단다.

점심을 먹고 밖으로 나와 눈부신 백색의 소금 사막과 파란하늘
을 수놓은 뭉게구름이 펼치는 대자연의 아름다움에 다시 한 번 흠
뻑 빠졌어. 먼 곳에서 달려오는 지프차와 사람들의 함성이 들렸어.
소금을 쌓아 경사가 진 호텔 기단부에 기대앉으니 어릴 적에 눈썰
매를 타던 생각이 나서 잠시 처마 밑에 기대 앉아 동심으로 돌아가
기도 했단다.

소금 사막의 일몰

점심식사 후 투어 지프차는 다시 소금 사막을 달렸어. 특별한 길

이 있는 것은 아니야. 운전자가 달리는 곳이 길이 되었어. 운전자는 비가 내려 소금 사막에 물이 고여 있는 곳을 찾고 있었어. 본격적인 우기라면 비가 내려 소금 사막에 물이 많이 고여 있을 텐데 아직은 12월 10일이니 물이 고여 있는 곳을 찾으려면 더 안쪽으로 들어가야 했지. 두 시간 이상을 더 달려가니 지프차들이 모여 있는 곳이 나왔어.

그곳에는 물이 고여 있었어. 소금 결정체들이 눈꽃처럼 물 위에 떠 있었지. 장화를 신고 철벅거리며 얕은 호수로 변한 그곳에 발을 담갔어. 푸른 하늘이 호수에 빠진 듯 비치고 있었지. 하늘과 땅이 하나가 되는 데칼코마니 같은 풍경도 펼쳐졌어. 땅거미가 내리기 시작하자 구름을 뚫고 나온 해가 소금 사막의 지평선 쪽으로 점점 내려앉으며 황금빛을 뿜어내기 시작하는 거야. 우유니 공항에서 만났던 일본인 남녀 여행객이 서로 교대로 사진을 찍어 주고 있기에 내가 함께 찍어 주겠다고 제안을 했지. 석양을 배경으로 서로 손을 맞잡고, 또 하트 모양으로 함께하는 모습을 찍어 주었어. 찍어 준 사진을 보며 만족해하는 모습을 보니 나도 참 기분이 좋았지. 실루엣이 광고 속 한 장면처럼 멋있었거든.

석양 빛깔은 내가 제일 좋아하는 색 중의 하나이고, 노을 지는 풍경 또한 가장 좋아하는 풍경이야. 우유니의 석양은 환상과 경탄 그 자체였어. 지평선 밑으로 해가 떨어지고 나자 분홍빛은 오히려 더 고운 붉은 노을이 되어 하늘을 물들었어. 내 가슴도 붉게 물들었지. 나도 모르게 벅차오르는 감정 때문에 울컥 눈물이 나왔어. 우리네 삶은 살아 있다는 것만으로도 아름답다는 것, 거대한 자연은 얼마나 경이로운가에 대한 깨달음으로 감정이 벅차올랐단다.

엘 알토 지역, 구름의 도시 라파스

우유니 공항을 출발한 비행기가 라파스에 다시 도착했을 때 시가지 전체를 내려다볼 수 있는 케이블카를 타기로 했어. 라파스는 화산 분화구처럼 움푹 파인 곳에 건설된 도시야. 도시 빈민들의 집들이 빽빽하게 들어선 엘 알토 지역과 아래쪽 부유층이 사는 곳은 기온이 5~6도나 차이가 나. 아래쪽과 위쪽의 고도차가 무려 900미터나 되기 때문에 차량들은 나선형으로 빙빙 돌아 내려가야 해. 따라서 서민들이 사는 산동네와 아래쪽 시가지를 연결하는 6개 노선의 케이블카를 설치했어. 볼리비아의 어려운 경제 여건 때문에 2014년에 완공된 이 케이블카는 남미최초 원주민 출신 모랄레스 대통령이 아래쪽 부유층의 반대에도 강력하게 추진했기 때문에 라파스의 하늘철이 될 수 있었지. 케이블카 노선은 우리나라 지하철처럼 종횡으로 연결되어 있어. 오스트리아의 기술로 건설되었다는 이 케이블카는 산이 아닌 도로와 건물 사이를 오가는 특별한 교통수단으로 현지 주민뿐만 아니라 여행자들에게도 인기 있는 관광 명소가 되었단다.

택시 운전기사에게 서툰 스페인어와 손짓으로 지도를 가리키며 노란색 노선인 쏘포카치역으로 데려다 달라고 했어. 이 역은 2호선 역으로 남미의 3대 봉우리에 해당하는 해발 6,088미터 설산인 와이나포토시를 볼 수 있는 곳이야.

택시기사가 길을 잘 모르는지 일부러 그러는지 한참을 뱅글뱅글 돌아서 내심 불안했어. 라파스에는 택시기사도 강도로 돌변해 승객들을 위협해 금품을 빼앗는 사례가 많다던데 혹시 그런 건 아닌지 염려되어 으슥한 골목길에 들어설 때마다 긴장이 되었지. 가는 내내 역 위치를 환기시키며 머리 위를 오르내리는 케이블카를 타고 싶다고 표현했어.

한참 후 쏘포카치역에 도착했지. 깔끔한 역은 질서가 잡혀 있었어. 표를 끊고 상행선 케이블카에 올랐지. 환승은 안 되고 한 번 탈 때 우리 돈 500원 정도를 내. 마침 함께 탄 현지인 아주머니가 관심을 보였어. 한국에서 왔다고 하니 호의를 베풀어 자신이 앉았던 자리와 바꿔 앉자고 했어. 더 전망이 좋은 자리에 나를 앉게 해 준 거야. 그것도 부족하다고 생각했는지 다른 청년한테도 앉았던 자리에서 일어나게 했어. 청년을 자신의 옆자리에 앉히고 더 넓은 전망과 시야를 확보해 주었지. 케이블카는 10명이 탑승할 수 있는데 투

명한 유리로 만들어져 라파스 시내 풍경을 다 볼 수 있지. 극심한 교통 체증 해소는 물론이고 관광 명소가 되었어. 우유니에 다녀왔다고 하니 코파카바나 해변도 다녀왔냐고 해서 그렇다고 했더니 손을 치켜세우며 뿌듯해 했어. 볼리비아의 경이로운 자연환경에 자부심을 갖고 있는 게 느껴졌어. 한국 아줌마의 오지랖처럼 그녀도 그랬어. 정말 친절하고 배려가 깊은 분이었단다.

두 정거장을 올라가니 종점이라 라파스 시내 전체를 조망할 수 있는 전망대가 있었어. 만년설로 덮인 와이나포토시의 웅장한 모

습이 단연 돋보였지. 다시 내려와 소포카치역 공원에서 잠시 쉬었
어. 사용한 초록색 패트병을 탑처럼 쌓아 올려 크리스마스 트리를
만들어 놓은 모습이 인상 깊었어. 하얀 눈과 함께 늘 겨울에 맞이했
던 크리스마스였는데 이곳에서 한여름에 보내는 크리스마스 분위
기는 영 적응이 안 되었단다.

라파스는 언덕 위에 마을이 있고 또 그 위에 마을이 있는 정말 독
특한 도시였어. 덕분에 상하행선 케이블카를 타고 오르락내리락하
며 현지 주민들의 사는 모습을 볼 수 있었지. 옥상 위에 널린 빨래

와 집 안에서 노는 아이들의 모습도 다 보였어. 낯선 곳에서 우리와 닮은 친근한 모습을 만나 정겨웠지. 내려오면서 보니 왼쪽으로 아주 넓은 축구장이 있었는데 우리나라 대표 기업인 삼성에서 협찬을 했는지 관람석에 커다란 삼성 로고가 붙어 있었단다.

라파스의 또 다른 볼거리는 촐리타 레슬링이야. 경기장은 라파스 분지 꼭대기에 있어. 볼리비아 아이미라족 여인들이 화려한 인디오 전통 복장을 하고 레슬링을 해. 볼리비아에서는 아이미라족 여성을 촐리타라고 부르지. 여자들이 레슬링을 한다고 해도 특이하게 보는데 볼리비아 원주민 아줌마가 레슬링을 한다니 더 특별하지. 거기엔 가부장적 사회에서 무시당한 여인들의 삶의 애환이 담겨 있어.

볼리비아에서도 유난히 남녀 구분이 엄격하고 보수적인 생각을 가진 원주민이 아이마라족이야. 이 부족의 남자들은 세계의 중심이라 여기며 살아간대. 그러다 보니 여자들이 집안 살림, 육아, 생계를 책임지는 일까지 해야 했어. 그런데 못된 남자들은 이런 여자들에게 폭력을 행사하며 괴롭힌대. 참다못한 여자들이 아이를 둘러매고 집을 뛰쳐나와 만든 게 '촐리타 레슬링'의 시작이야. 여자들만의 경기, 남녀 혼성팀 경기도 있는데 대사도 있으며 선과 악의 역할이 분명하고 코믹하게 진행 돼.

경기장에서 남자 악당 역할을 맡은 이가 촐리타를 때리면 관객들은 야유를 보내고 먹던 팝콘을 던져. 반대로 촐리타가 악당을 때

려눕히면 환호하면서 박수를 쳐 주지. 실제 촐리타들의 삶은 견고한 성 불평등과 가정 폭력이라는 아픈 사연이 있지만 이런 경기를 통해 그런 불평등 구조에 저항하고 집을 뛰쳐나오지 못한 여인들은 위안을 얻을 수 있다고 봐. 어쩌면 부끄러울 수 있는 사회 현상이지만 드러내 놓고 문화 상품으로 연계시켜 수입을 올리는 모습은 긍정적으로 보고 싶어. 왜냐하면 그런 행동이 있어야 잘못된 편견을 수정할 수 있고 세상의 변화를 가져올 수 있다고 보기 때문이지.

오후에는 우리나라 전통 시장 같은 분위기인 카마초 시장을 찾았지. 시장에서는 페루보다 치마가 길고 더 어두운 색상의 전통의상을 입은 원주민 여인들을 많이 볼 수 있었어. 풍성해 보이는 여러 겹의 주름치마에 중절모 같은 모자를 쓴 모습인데 대부분 뚱뚱했고 마른 사람은 거의 없었지.

마녀시장이라 부르는 시장에 가면 원주민들이 민간요법으로 써온 약재와 코카 잎, 알파카 털로 짠 스웨터, 안데스의 악기, 민예품, 골동품 등 온갖 물건을 파는 상점이 즐비했어. 가장 눈에 띄는 건 새끼 야마의 미라였어. 이곳 사람들의 풍습은 새 집을 지을 때 새끼 야마의 미라를 땅에 묻으면 행운이 온다고 믿어. 가게마다 미라를 주렁주렁 매달아 놓고 팔아. 그 밖에도 주술용품인 부적, 말린 토끼와 벌레도 팔아. 보는 입장에서는 섬뜩하지.

오후 6시 어둠이 갈리기 시작하면서 시장에는 사람들로 더 붐비면서 걸을 때 서로 어깨를 부딪칠 정도였어. 온갖 물건으로 넘쳐나는 만물상 같은 시장에서 지인들에게 줄 야마인형도 샀고, 털실로 뜬 손가락에 끼우고 이야기 놀이를 할 수 있는 동물 인형도 여러 개 샀지. 이런 것을 만든 사람들은 누구나 다 예술가야. 디자인도 색상도 너무 곱고 솜씨도 뛰어났거든. 원주민이 재배해 파는 과일도 한 아름 사서 돌아왔어. 신선한 과일을 먹으니 온몸에 비타민이 골고루 퍼지는 듯 했어.

기암괴석으로 이루어진 달의 계곡

아침 8시 30분 칠레 산티아고행 비행기를 타야 했는데 7분 늦게 도착했다는 이유로 탑승을 거부당했어. 비행 출발 시간이 1시간 40분이나 남아 있는데 7분 늦었다는 이유로 태워 줄 수 없다고 해서 너무 당황스러웠지. 기다리던 택시가 늦은 것도 문제지만 국제선 비행기라 최소한 출발 두 시간 전에는 도착해서 절차를 밟았어야 했는데 그러지 못한 게 불찰이었어. 많이 속상했지만 어쩔 수 없었지.

일이 꼬이느라 라파스에서 산티아고행 비행기는 하루 1회밖에 없는데 다음 날 표도 구할 수 없었단다. 할 수 없이 다음 날 새벽 4시 30분 비행기로 페루 리마까지 가서 비행기를 갈아타기로 했어.

고산병 예방약도 떨어지고 볼리비아 화폐도 겨우 50볼 남아 있는데 난감했지. 매연과 고산증으로 고생해야 하는 이곳에 하루 더 머물러야 한다는 사실이 끔찍했지만 어쩔 수 없었단다. 다시 짐을 챙겨 전날 머물렀던 숙소 가까이에 있는 여행자거리에 숙소를 얻었어.

비행기를 놓쳐서 오전 내내 얼이 빠진 듯 정신이 없었단다. 중국 음식점에서 해물완자수프를 한 그릇 사 먹고 기운을 차린 뒤 아쉬움을 달래기 위해 '달의 계곡'으로 갔어. 숙소에서 출발해 40분 정도 지나니 주변에 건물들은 보이지 않고 붉은색의 기괴한 바위산이 나타나기 시작했어. 지금까지 보아 왔던 돌산과는 다른 색상인 거야. 아치형의 터널 같은 지형도 지나 드디어 달의 계곡 입구에 도착했어. 철판을 이어 붙여 만든 야마 조형물이 제일 먼저 눈길을 끌었단다.

해발 3,308미터의 달의 계곡은 지구의 지각 변동으로 오랜 세월 융기와 침식, 풍화 작용을 거치며 미세한 진흙이 쌓여서 딱딱하게 굳어 기암괴석이 만들어진 곳이야. 마치 달의 표면과 같은 형태를 띠고 있어서 달의 계곡이라는 이름이 붙였지. 수직 동굴처럼 깊이를 알 수 없을 정도로 푹 꺼진 곳도 있었고 움푹움푹 파인 곳도 있었어. 뜨거운 햇살 아래 가파른 계곡을 따라 오르내리며 걷는 것이 힘들었지만 쉽게 볼 수 없는 특이한 지형이라 신기하다 못해 신비롭게 느껴졌단다.

걷다가 입구의 나무그늘 아래서 쉬고 있는데 어디선가 익숙하고 친근한 멜로디인 엘 콘도르 빠사 음률이 들리는 거야. 어떤 남자가 고대 잉카인의 전통 복장을 하고 계곡 위 정상에서 삼뽀냐라는 전통 악기를 연주하고 있었어. '내 영혼을 잉카의 고향으로 데려다 달라'는 의미가 담긴 노래인데 뜨거운 햇살 아래서 연주하면서 관람객들이 주는 팁을 받으며 생활하는 것 같았어. 그의 연주를 먼발치에서 듣고 있자니 잉카의 영혼이 그 음률에서 빠져나오는 것처럼 느껴지더구나.

✳ 엘 꼰도르 빠사

페루의 전통 악기인 께냐와 삼뽀냐 등으로 연주하는 '엘 꼰도르 빠샤'는 잉카인들의 삶의 애환을 가장 잘 표현한 음악으로 평가받고 있다. 이

128

곡은 1913년 페루의 작곡가 다니엘 알로미아스 로블레스가 호세 가브리엘 꼰도르깐끼를 기리기 위해 작곡한 오페레타 〈꼰도르깐끼〉의 테마곡이었다.

꼰도르깐끼는 힘겨웠던 식민지 시절 스페인 군대에 저항했던 인물이다. 1532년 스페인 정복자들은 무력으로 잉카 제국을 점령한 뒤 자원을 약탈했으며, 사람들을 죽이고 노예로 삼기까지 했다. 1780년 꼰도르깐끼는 대규모 농민봉기를 일으켰지만 1781년 스페인 군대에 붙잡혀 혀와 사지가 잘리는 등 잔인하게 처형당했다. 그러나 잉카인은 좌절하지 않고 콘도로 새가 꼰도르깐끼의 영혼을 부활시켜 줄 것이라고 굳게 믿었다. 남미에서 콘도르는 전설의 새다. 잉카인들은 콘도르를 두려워하며 신성하게 여겼고, 영웅이 죽으면 콘도르로 부활한다고 믿었다.

오랜 식민 지배를 받으며 노예처럼 살아온 그들에게 콘도르는 자유와 희망의 상징이었다. 잉카인들은 사람이 죽으면 검은 꼰도로가 그들의 영혼을 불멸의 세계로 데려간다고 믿었다. 사람들은 전해 내려오던 꼰도르깐끼 이야기를 잉카의 언어였던 케추아어 노랫말로 만들어 로블레스의 곡조에 붙여 불렀다. 그 가사는 다음과 같다.

오, 안데스의 위엄 있는 콘도르여,

나를 저 위 안데스의 고향으로 데려가 주오, 콘도르여 콘도르여

내가 가장 사랑하는 그곳으로 돌아가

내 잉카 형제들과 함께 살고 싶다오

그것이 내가 가장 간절히 바라는 것이라오, 콘도르여 콘도르여

잉카의 중앙 광장에서 나를 기다려 주오

우리 함께 마추픽추와 와이나픽추까지 걸어 올라갈 수 있도록

스페인어로 엘 꼰도르 빠사는 '콘도르가 지나간다, 날아간다'라는 뜻인데, 1960년대 미국의 2인조 밴드 사이먼 앤 가펑클이 편곡해 부르면서 전 세계에 알려졌다.

산프란시스코 성당

달의 계곡을 둘러본 뒤 라파스 여행에서 빼놓을 수 없는 곳인 산프란시스코 성당을 찾았지. 이탈리아 수도사 산 프란시스코 아시시에 의해 1549년에 지어졌는데 라파스에는 처음 건축된 성당이야. 입장권을 구입하자 20대 초반으로 보이는 여자 가이드가 입구에서부터 건물 내 중요한 유적과 전시실로 안내해 주었어. 역사나 고고학을 공부하는 대학생 또는 연구원 같았어.

바로크 양식의 웅장한 성당 내부는 화려한 금빛 제단과 황금 장식으로 치장되어 있었어. 토착 예술품과 각 시대별 의복, 성배를 구경할 수 있었단다. 이곳에는 수도원도 함께 있었는데 정원에 여러

가지 약용 식물을 재배하고 꽃들도 피어 있어 공기가 맑고 아늑했지. 성당 박물관으로 들어가는 복도의 벽은 파란색인데 독특한 파란색 예수 조각이 붙어 있었어. 파란색은 하나님을 의미한다고 해.

성당의 기단 부분은 건축 당시의 모습을 그대로 보존해 유리로 덮어 놓았어. 성당을 쌓은 진흙 벽돌은 흙과 해초, 지푸라기를 섞어 다져서 만들었대. 반듯한 돌을 잘라 쌓은 벽에는 이름들이 새겨져 있어서 특이했는데, 그것은 건축 당시 이곳에서 두 시간 정도 떨어진 곳에서 돌을 가져온 원주민들이 새겨 넣은 거래. 그들은 힘들게 가져온 돌에 자신의 이름을 새기고 아마도 소원 기도도 드렸을 거야.

특이한 건 이 성당에 있는 가톨릭과 토착 종교가 결합된 상징물이었어. 큰 행사 때 들고 행진하는 십자가 조형물은 아래쪽은 기독교, 위쪽은 원주민이 섬기는 태양신이 결합된 형태였지. 태양의 빛과 같은 방사형 금빛 조형물 가운데 거울을 달아놓은 십자가는 온갖 보석 종류가 박혀 있었는데 네 마리의 사자가 받치고 있었어. 네 마리 사자는 네 명의 성인을 상징한다고 해. 금실로 수놓은 덮개, 사파이어가 박힌 황금 관, 커다란 가죽 성경, 성당을 건축할 당시 유리 대신 대리석을 얇게 켜서 빛을 통과시킨 창문은 놀랍고 아름다웠어. 1952년 라파스에 혁명이 일어났을 당시 총탄에 맞아 원형의 구멍이 생긴 창문은 그날의 긴박함을 보여 주는 생생한 역사의 증거가 되었더구나.

　종탑 위에 올라가니 광장과 라파스의 경관이 한눈에 들어왔어. 잘 보존된 오래된 둥근 기와지붕을 비롯해 10여 개의 종들이 지닌 가치와 역사적 의미에 대해서도 생각해 볼 수 있었어. 지붕 배수로 구석진 공간에 고양이 한 마리가 아예 터를 잡고 인기척에도 아랑곳 않고 누워 있었지. 성당 외벽의 조각은 동물과 신화 속 생명체인데 스페인 건축 양식과 토속 신앙이 섞여 있어 인상적이었어.

　가이드에게서 산프란시스코 성당 앞의 시원스럽게 뚫린 넓은 도로에 담긴 아픈 역사에 대해 들었어. 도로가 있는 자리는 예전에 인근 산맥의 빙하가 녹아서 흐르는 강이었다고 해. 식민지 시절 성당의 건너편에는 스페인에서 건너온 지배층이 살았대. 성당이 있는 쪽에 살던 가난한 아이마라 원주민은 그 강을 건너갈 수 없었다는 거야. 지금도 성당 뒤쪽에는 오래된 건물이 많아. 스페인의 지배가 끝났을 때, 그들은 자신의 땅임에도 자유롭게 가지 못했던 걸 억울해하며 아예 강을 막아 길을 만들었다는 거야. 그래서 지금도 도로 아래엔 지하수가 흐르고 있다고 해.

성당의 이곳저곳을 관람하는 동안 가이드의 영어 해설을 다 이해하며 들을 수 없어 답답했지만 구석구석 안내하며 차분하게 설명하는 모습에 감동받았어. 자신의 나라 문화유적에 대한 자부심을 그녀의 눈빛에서 읽을 수 있었기 때문이야.

성당을 나오니 광장에 수많은 사람들이 모여 있었어. 볼리비아에서 가장 중요한 역사 시대인 고대 티와나쿠 문명과 잉카 제국, 현재의 볼리비아를 상징하는 조각상이 한가운데 놓여 있어. 뛰어난 건축물과 거리 예술가, 수공예품과 음식 노점이 즐비한 산프란시스코 광장은 라파스에서 가장 활기찬 광장 중 하나야. 성탄절을 앞두고 있어 대형 트리도 반짝이고 수공예품과 갖가지 과일·미술품·약초 등을 파는 노점상들과 코미디언, 마술사 등 다양한 거리 예술가의 공연도 펼쳐졌어. 공연을 보며 즐기는 사람들도 있고 트리 앞에서 사진을 찍는 등 사람들의 발걸음도 이어졌지. 그 중심에 있는 대형 전광판에는 우리나라 기업의 휴대폰과 기업 이미지 광고 화면만이 번쩍이고 있어서 반가웠고 자부심도 느꼈단다.

라파스 인구 절반이 인디오라 불리는 원주민이라 그런지 광장에는 전통 복장을 한 원주민들의 모습을 많이 볼 수 있었어. 휴식을 취하는 현지인들과 여행자들 무리에 섞여 성당 벽에 등을 기대고 앉아 그 분위기를 즐겼어. 그때 성당 건너편 고층 건물 꼭대기에서 줄을 타고 내려오는 사람들의 행렬이 이어지는 거야. 아마 번지 점프하듯 온몸에 줄을 묶은 뒤 건물 벽을 타고 순식간에 내려오는 체험 상품의 하나인 듯했어. 아슬아슬한 스릴을 느끼는 그들을 쳐다보며 광장 아래에 있는 사람들도 함께 손에 땀을 쥐었단다.

땅거미가 내리면서 숙소로 돌아오는 길에 중국음식점을 찾아가 닭고기 해산물 수프를 먹었어. 한식이 그립지만 중국 음식도 입맛에 맞는 것은 먹을 만했거든. 굵은 면이 들어 있어 닭칼국수 같은 구수한 국물까지 훌훌 마셨더니 하루의 피로가 풀렸단다.

산티아고행 비행기를 놓쳐 라파스에 하루 더 머물며 나름 알찬 하루를 보냈어. 비행기를 놓친 건 아쉽지만 또 다른 기회를 만든 것은 의미 있었거든. 그리고 보니 놓쳐 버린 시간은 없었어. 모든 기회는 소중하고 또 하나의 추억을 만들었기 때문이야.

칠레

산티아고 가는 길

새벽 1시 30분에 숙소를 나와 라파스 공항으로 갔지. 어제처럼 늦어서 또 다시 비행기를 못 타서는 안 되기에 출발 3시간 전에 미리 도착해 기다리는 게 낫다고 판단해서야. 그런데 또 문제가 생겼어. 항공사 직원의 실수로 리마에서 연결되어 있던 산티아고행 탑승권까지 모두 취소되어 있는 거야. 또 다시 한바탕 소동을 겪은 후 티켓을 발권 받았단다.

출국장에 들어섰지만 다시 1시간 30분 정도 연착되었어. 항공사에서 연착에 대한 보상으로 레스토랑 이용권을 주어서 토스트와 스크램블에그와 음료를 먹을 수 있었단다. 전날 아침부터 꼬이기 시작한 일은 다음날에도 계속 영향을 주고 있어서 찜찜했어.

11시 10분 리마에서 이륙한 비행기는 오후 3시경 칠레 산티아고 공항에 도착했단다. 출국 수속을 마치고 나와 차를 탔지만 숙소까지 가는 길이 막혀 5시 30분에야 시내 중심가에 있는 호텔에 도착했어. 산티아고에서 예정했던 일정들이 다 어그러졌어. 산티아고에 가면 꼭 들르려고 했던 파블로 네루다의 집(라 차스코나)을 갈 수 없게 되어 너무 아쉬웠지.

아직도 칠레인들의 가슴 속에 살아 숨 쉬고 있는 위대한 민중시인 네루다의 삶을 가까이서 느끼고 싶어 네루다의 자서전과 관련 작품들을 읽으며 여행을 준비했기 때문이야. 그의 삶은 사랑과 낭만, 혁명과 슬픔으로 버무려져 있었어. 1930년대 스페인 내전 당시 바르셀로나 칠레대사관의 영사로 있으면서 파시스트의 잔악함을 목격하고 탄압받는 사람들에게 피신처를 제공했지. 그 후 귀국해 칠레 공산당에 입당하면서 시인이자 혁명가로서 파란만장한 삶을 살았어. 네루다에게 시는 민중과 소통하는 통로였고, 투쟁의 밑거름이었어. 그는 민중시인이라는 별칭을 가장 자랑스럽게 생각했단다. 1971년 노벨문학상을 받았으며, 1973년 지지했던 아옌데 정권이 피노체트의 쿠데타로 무너지자 열흘 후에 암 투병 중이던 그도 생을 마감했지. 젊은 시절의 대표작《스무 편의 사랑의 시와 한 편의 절망의 노래》처럼 절망의 노래를 남긴 채 숨졌어.

스물세 살 때 네루다는 외교관으로서 버마(현 미얀마)에 첫 발령을 받은 뒤 많은 나라를 여행했고, 정권의 탄압을 피해 도피와 망명 생활을 해야 했어. 그래서 그는 이렇게 말했단다.

"사람은 자기 나라에서 살아야 한다. 뿌리 뽑힌 사람이 맛보는 좌절감은 어떤 형태로든 영혼을 흐리게 한다. 나는 고향 땅이 아니고는 살 수가 없다. 내 땅에 발을 딛고, 내 땅을 만지고, 내 땅의 소리를 듣지 않고는 살 수가 없다. 내 땅에 깊이 뿌리 내리고 자양분을 흡수하지 않으면 살 수가 없다."

내 의지와는 상관없이 계획들이 이루어지지 않아 속상하기도 했지만 ,네루다의 체취를 좀 더 가까이서 느껴 보고자 책을 읽고 설렘을 가졌던 그 시간이 참 좋았어. 네루다의 일생과 그가 살아 왔던 시대 상황을 통해 20세기의 세계사를 다시 들여다 볼 수 있었기 때문이야.

✳ 칠레는 남북으로 좁고 긴 지형을 가진 나라다. 해변, 사막, 계곡, 고원, 산맥, 피오르드와 해협, 섬, 빙하, 남극 등 다양한 자연환경을 갖고 있다. 우리나라와는 계절도 낮과 밤도 정반대다. 16세기 스페인 침략 이전 칠레 북부는 잉카 제국의 지배를 받았고 1818년 독립전쟁을 통해 스페인으로부터 독립했다. 태평양 전쟁(1879~1883)으로 페루와 볼리비아를 무찌르고 현재 북부 지역을 얻었다.

1970년 대통령 선거에서 좌파 연합 후보인 살바도르 아옌데가 당선되었는데, 주요 지지층은 중산층과 노동자들이었다. 그때 세계는 한창 냉전 중이었고 쿠바 미사일 사태로 중남미의 공산화를 우려하던 미국 정권이 예민해져 있을 때였다. 그런데도 아옌데는 민간 기업(대부분 미국 회사)이 운영하던 구리 광산을 국유화시키는 정책 등을 이어 갔다.

정권 2년 차에 접어들었을 때 트럭 노동자들의 파업으로 전국 물류 흐름이 막히면서 혼란이 시작되었다. 상점마다 물건이 동이 나고 병원에는 약이 없어 죽어 가는 아이들이 속출했다. 결국 미국 CIA의 지원 아래 아우구스토 피노체트가 군사 쿠데타를 일으켜 정권을 잡았다. 피노체트가 군사 독재를 펼친 17년간 납치와 고문, 살인이 일상적으로 행해져 3,000여 명이 죽거나 행방불명되었다. 1989년 민주화 운동의 압력을 받아 치러진 선거에서 피노체트가 패배하면서 군사 독재는 끝이 났다.

오늘날 칠레는 남아메리카에서 상당히 안정적이고 번영하는 국가다. 1인당 국내총생산(GDP), 국가 경쟁력, 삶의 질, 정치적 안정, 세계화, 자유 경제, 낮은 수준의 부패와 빈곤, 언론의 자유와 민주주의도 발전되어 있다.

칠레의 최대 수출품은 세계 생산량 1위인 구리다. 또한 세계 2위의 은 생산국이고 금과 동 생산은 5위다. 안데스 고지대 밀림에서는 차와 커피가 재배되고 세계에서 두 번째로 많은 코카 잎을 생산하는 국가다. 수산업의 경우 세계 최대의 어분 수출국으로 매년 1천만 톤의 안초비와 정어리를 잡는다. 태평양 연안이라 각종 해산물과 과일, 채소 등 다양한 농수산품이 생산된다. 특히 칠레의 와인은 품질이 좋기로 유명하다.

물과 바람의 땅, 파타고니아

산티아고에서 하룻밤을 보내고 푼다아레나스행 비행기를 타기 위해 공항으로 갔어. 출국장으로 들어가기 위해 줄을 서 있다가 갑자기 노트북을 공항 대합실에 두고 온 생각이 났어. 시계를 보니 이동한 지 10분도 더 지나 있었지. 노트북을 다시 찾을 수 있으리라는 확신이 서지 않는 거야. 워낙 많은 사람들이 다니는 통로에 두고 왔으니 찾을 수 있는 확률은 매우 낮았지. 그래도 그 자리에 가서 확인해야 했기에 구불구불 길게 서 있던 줄에서 빠져나와 대합실로 갔지.

노트북을 놓고 온 장소에 다시 갔을 때 공항 보안검색 경찰들이 5~6명 출동해 빙 둘러 서 있었어. 무전기를 들고 상부에 보고하며 긴장해 있는 모습이 아무래도 노트북을 폭발물로 의심하는 것 같았어. 상황 설명을 하고 난 뒤, 내용물을 확인하고 찾아올 수 있었어. 어이없는 실수에 또 한바탕 소동이 벌어진 셈이지.

오전 11시 출발한 비행기가 안데스산맥 위를 지날 때 높은 산봉우리를 덮은 하얀 눈과 그 아래 펼쳐지는 에메랄드빛 호수, 하얗게 깔리는 뭉실뭉실한 구름의 터진 틈 사이로 푸른 초원도 보았단다. 너무나 멋진 풍경이었지.

비행기는 3시간 30여 분을 날아 칠레 남단 푼다아레나스 공항에 착륙했어. 조용하고 한적한 공항이었단다. 보라색 루피네꽃과 한국에서 늘 보던 토끼풀꽃, 개나리를 닮은 노란 꽃, 구절초처럼 생긴 하얀 꽃 등이 수수하게 피어 있었단다. 꽃들이 없었다면 공항 주변은 너무나 황량했을 거야.

✳ 물과 바람의 땅 파타고니아

파타고니아(Patagonia) 지방은 칠레 푸에르토몬트와 아르헨티나의 콜로라도강을 잇는 남위 40도 선의 남쪽 지역을 말한다. 이 지역은 안데스 산맥의 끝이라 험준하고 바람이 무척 강하게 불지만 피오르드 해안과 빙하, 수많은 호수가 있는 아름다움 곳이기도 하다.

전체 면적은 한반도의 10배 정도 크기이며 인구는 200만 명에 불과하다. 땅 주인은 주로 아르헨티나 부호와 외국인 자본가다. 스페인어로 '큰 발'이라는 뜻을 가진 파타고니아라는 명칭은 1520년 포르투갈 선장 마젤란이 이곳을 처음 발견했을 때 큰 몸과 큰 발을 지닌 원주민 데우엘체족을 보고 파타곤이라고 부른 데서 비롯되었다.

안데스산맥을 기준으로 서부의 칠레 파타고니아와 동부의 아르헨티나 파타고니아로 구분한다. 칠레 파타고니아는 강수량이 많고, 안데스 산지에 빙하의 침식 작용이 더해져 복잡한 해안선과 산악 지형이 특징이다. 반면, 아르헨티나 파타고니아는 건조한 기후에다 넓은 고원이라는 자연환경을 가지고 있다. 과나꼬나 산토끼, 여우가 뛰노는 야생동물의 천국이다. 두 곳 다 인구가 적고 큰 도시도 드물다. 파타고니아에서는 외부 농축산물을 철저하게 통제한다. 어떤 상품이든 파타고니아라는 이름이 들어가면 '청정' 이미지가 붙기에 그 이름만으로도 경제적 가치가 매우 크다. 밀 재배와 목축업, 석유와 천연가스의 채굴 등이 주요 산업이며, 관광 산업도 발달해 있다.

　다시 버스를 타고 칠레 지역 파타고니아를 통과해 저녁 7시 30분에 도착한 푸에르토나탈레스는 조용하고 한적한 항구 도시였어. 눈에 띄는 높은 건물도 없고 나무와 양철지붕으로 마감한 건축물들이 대부분이었는데, 그 이유는 이 지역이 지진 지대이기 때문이야. 신기하게 밤 10시 30분인데도 해가 지지 않아 사방이 훤했어. 바로 백야 현상 때문이었던 거야. 백야 현상은 지구의 자전축이 23.5도 기울어져 있기 때문에 남극 지방은 여름이면 태양 쪽으로 기울어 계속 낮이 이어지는 현상이지. 여름이지만 날씨가 차가워 히터를 틀어 놓고 잠들었어. 덕분에 방안에 널어 놓은 빨래가 뽀송뽀송하게 다 말랐단다.

토레스델 파이네 국립공원

　아침 8시 40분 투어 차량을 타고 칠레의 보석 토레스델파이네 국립공원으로 떠났어. 4년째 레게머리를 하고 있다는 스물세 살 투어 차량 기사 프랑코와 오른손 끝이 뭉툭하고 중지와 검지가 없는 마흔 세 살 조수 겸 투어가이드 까를로스는 자신이 하는 일에 자부심과 책임감을 갖고 있었어. 프랑코와 까를로스는 부자 사이래. 아버지와 아들이 갈등 없이 즐겁게 일하는 것 같아 보기 좋았어. 겨울 5개월 동안은 추운 날씨 때문에 관광객이 이 지역에 들어오지 못한대. 여름이 시작되는 11월부터 다음 해 3월까지가 투어 사업을 하기엔 적기래.

투어 차량은 피요르드식 해안에 접한 바다를 끼고 달렸어. 바다는 육지에 둘러싸인 호수처럼 보였지. 도로엔 지나다니는 차량도 별로 없어 한산했지만 과속 단속을 하는 경찰은 자신의 임무에 충실했어. 2인 1조로 점검을 하는데 차량을 세우고 자동차의 운행 속도 기록을 점검하고 즉석에서 프린트해 확인하는 모습이 인상 깊었어.

토레스델파이네 국립공원으로 가는 길은 짙은 녹색의 아름다운 경관이 펼쳐졌어. 양떼를 몰고 가는 카우초도 만나고, 하늘을 날아가는 콘도르도 보고 칠레의 사슴이라는 구아나꼬도 보았어. 길가에는 허브 종류인 씨네쓰요가 지천으로 자라고 있었단다.

칠레와 아르헨티나 사이에 있는 휴게소에 들렀어. 온갖 기념품이 있고 많은 관광객이 경유하는 곳이야. 가장 눈에 띄는 것은 그곳에서 파는 마푸체족에 관한 사진집이었어. 온몸에 페인팅을 해 다소 위협적으로 보이는 남성들의 모습은 동물에게 위압감을 주기 위해서래. 휴게소 입구에도 마부체족 조형물을 세워 놓았고 숙소의 벽에도 마부체족의 문양과 장신구들을 걸어 놓았어. 북극점 부근에 에스키모족이 있었고 남극점 가까운 곳에는 마부체족이 있었다는 걸 알게 되었지. 그들의 조상 역시 과거 베링해협이 육지로 연결되어 있었을 때 넘어왔을 거야. 우리 아시아 몽골계와 닮은 얼굴이라 친근했어. 마푸체족은 350년 동안 식민 통치와 칠레 지배에 저항한 것으로도 유명해.

국립공원에서 가장 사랑받는 곳은 '토레스 델 파이네'라고 불리는 약 1,200만 년 전에 형성된 세 개의 화강암 봉우리야. 이 봉우리들을 바라보며 그레이 빙하를 보기 위한 입구에 도착했지. 나무로 엮어 만들어 한 번에 6명 이상은 절대 올라가면 안 된다는 경고문이 붙은 출렁다리를 건넜어. 아래를 내려다보니 빠르게 흐르는 물길에 빨려 들어갈 것 같아 아찔했지. 빙하를 가까이에서 볼 수 있는 언덕까지 30분 이상을 걸어갔어. 렝가나무가 주를 이루는 숲속 길을 걸으니 마음도 편해지고 기분도 좋았지. 그냥 그대로 머물러 자연 속에 푹 파묻히고 싶었어.

언덕을 오르니 넓게 펼쳐진 모래밭과 회색빛 그레이 호수가 나타났어. 그레이 빙하에는 자잘한 유빙이 빠른 물살에 떠내려가고 있었단다. 언덕길을 내려가 백사장에 다가서니 호수가 아니라 바닷가 해변에 서 있는 것 같았어. 백사장을 걷다가 주저앉아 쉬기도 했지. 호수의 언덕길을 걸으니 우리 땅에서 볼 수 있는 민들레를 비롯한 고운 빛깔의 야생화가 지천으로 피어 있었어. 대자연의 신비함에 푹 빠져 30분 이상 갔던 길을 되돌아 다시 입구까지 나왔단다.

투어 차량 기사가 준비해 온 도시락을 파이네그란데 정상이 보이는 언덕의 캠핑장 숲속에서 먹었어. 옥수수와 완두콩을 넣은 볶음밥과 닭고기 바비큐와 칠레산 와인이 곁들여진 도시락이었지. 맑게 갠 파란 하늘과 밝은 햇살 아래에 자리를 잡고 앉아 식사를 하며 둘러보니 어디를 보아도 한 폭의 그림이었단다.

파이네그란데 봉우리가 보이는 주변 언덕에는 불에 타 죽은 나무들이 방치되어 세월이 지나면서 하얗게 변해 가고 있었어. 그 모습은 다소 몽환적이기도 했지. 2011년 12월 말에 산불이 일어나서 일주일간 계속되면서 전체 공원 규모의 5분 1이 소실되는 큰 피해를 입었대. 방화자는 캠핑을 하던 이스라엘 국적의 20대 여행객이었다는데 실수치고는 너무나 안타까운 일이지.

산 모양이 코뿔소의 부리를 닮은 쿠에르노스 델 파이네의 정상은 검은 색의 점판암이고 중간은 하얀 색 화강암이라 그 색의 구분이 자로 잰 듯 선명해 독특했어. 에메랄드빛 호수와 녹색의 숲, 흰 구름이 엷게 펼쳐져 떠다니는 푸른 하늘은 자연이 만들어 준 최고의 풍경이었지.

바람이 많이 불고 돌풍이 불거나 날씨가 흐릴 때도 있었지만 대체로 맑고 쾌청한 날씨 덕에 거대한 자연의 아름다움과 경이로움을 새삼 느낄 수 있었단다. 토레스델파이네 국립공원 투어비는 1인당 130달러야. 비싸다고도 할 수 있지만 충분히 만족스러웠어.

국립공원 투어를 마치고 오후 6시 45분에 부에르토나탈레스 마을 숙소에 도착했어. 무엇보다 햇살이 밝아 여유 있게 마을을 돌아보았지. 집들은 아담하고 거리 풍경도 담백했어. 광장에는 젊은이들이 모여 있고 분수대에서는 시원한 물줄기가 솟아올랐지. 양고기를 구워 파는 레스토랑을 찾았는데 뚱뚱한 몸집의 주방장은 여전히 화덕 앞에서 땀을 뻘뻘 흘리며 고기를 굽고 있더구나. 시선이 마주치면 빙긋 웃어 주는 모습이 보기 좋았어.

오는 길에 도로변에 있는 쓰레기통을 보았어. 요리사가 주방 기구를 들고 있는 모습의 철판을 구부리고 잘라 연결해 만든 조형물인데, 등에 붙은 것은 쓰레기통이었지. 단순한 쓰레기통이 아니라 기능성과 실용성을 갖춘 예술품이기도 했어. 어떻게 이런 아이디어를 낼 수 있을까. 그곳 사람들의 예술적 창의성이 부럽고 배우고 싶었단다.

동네 마켓에 갔더니 다양한 종류의 과일이 있었어. 한국에서는 비싸서 사 먹기 어려웠던 체리를 싼값에 살 수 있었지. 맛도 신선하고 맛있는 건 물론이야. 마트 여주인의 네다섯 살 되어 보이는 아주

귀엽고 예쁜 딸은 심심한지 계산대에 앉아 낙서상에 그림을 그리고 있었어. 나는 계산을 마치고 한국에서 가져간 알록달록한 예쁜 물고기와 꽃모양 스티커를 꺼내 아이에게 주었지. 좋아하는 아이의 표정과 엄마의 표정은 우리나라 부모와 다를 바 없더구나.

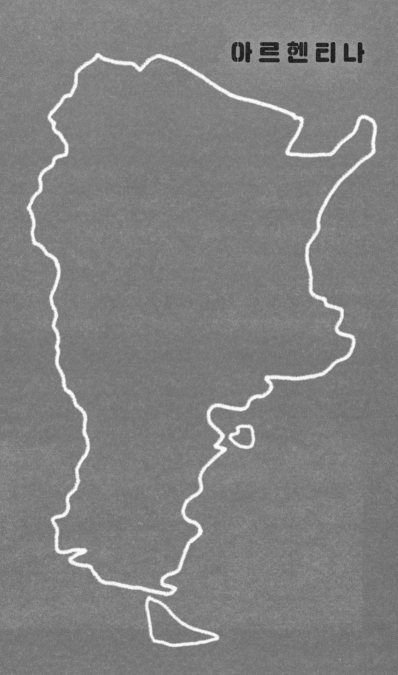

아르헨티나

엘 칼라파테 가는 길

아침 7시 칠레 푸에르토 나탈레스 국제 버스정류장으로 갔어. 이곳은 아르헨티나 엘 칼라파테에 있는 페리토 모레노 빙하 투어를 가는 여행객들이 몰려드는 곳이라 혼잡해. 까마 버스를 탔어. 2층 버스인데 우리나라로 치면 우등버스라고 보면 돼. 버스 1층에 화장실도 있고 음악도 들을 수 있고 커피도 마실 수 있도록 준비되어 있는 버스야. 2층 맨 뒷자리에 앉았는데 의자를 최대한 젖히니 침대에 누운 듯 편했지.

버스로 한 시간 정도를 달려 칠레 출국사무소에 들렀다가 다시 아르헨티나 쪽 입국사무소에 가서 여권에 도장을 찍으면서 입국 수속을 마쳤어. 아르헨티나의 파타고니아 지역은 거센 바람에 모

자가 쉽게 날아가기 때문에 목동인 가우초들은 잘 벗겨지지 않는 베레모를 쓰게 되었다고 해. 버스 안에서 보는 바깥 풍경은 푸른 하늘과 녹색의 평평한 초원, 햇살을 받아 반짝이는 호수가 있어서 낯선 땅이지만 참 편안한 마음이었단다.

✳ 아르헨티나는 남아메리카에서 브라질에 이어 두 번째로 큰 국토를 가진 나라이며, 한반도의 13배나 되는 넓은 영토에 다양한 자연환경과 풍부한 천연자원이 있다. 대규모 셰일가스 및 셰일오일 매장국이고 동, 아연, 금, 은, 철 등의 자원을 가지고 있다. 남미 리튬 트라이앵글 국가이기도 하다.

남쪽 파타고니아 지방의 빙하에서부터 세계 최대의 이구아수 폭포, 서쪽 국경의 안데스산맥과 북부의 고원 지대가 있다. 세계 최대의 쇠고기 생산국으로 축산업이 국가 주요 산업이다. 또한 멕시코에 이은 세계 2위의 레몬 생산국이자 제1위의 수출국이며 세계 4위의 와인 생산국이다. 세계 3대 곡창 지대인 비옥한 팜파스를 가지고 있다.

아르헨티나는 남미 국가 중에서 가장 유럽에 가까운 문화를 가지고 있으며 실제로도 이탈리아계 35.5%, 스페인계 28.5% 등 백인 인구 비율이 남미에서 가장 높다. 1816년 스페인으로부터 독립했고, 언어는 스페인어를 사용하며 종교는 대부분 가톨릭이다. 다른 남미 국가들처럼 정치적 분열과 내란, 잦은 전쟁으로 정치와 경제가 불안정했다. 특히 1930

년과 1983년 사이 군사 쿠데타로 민주 정부가 수없이 전복되고, 높은 경제 성장과 급격한 하락이 반복되면서 혼란은 계속되고 있다. 특히 40년 전 비델라 군사 정부로부터 극심한 인권 탄압을 경험한 아르헨티나 국민은 북한의 인권 침해나 핵개발에도 즉시 규탄 성명을 낼 정도로 인권 문제에 매우 민감하고 적극적인 반응을 보인다.

아르헨티나는 남미에서 소득·문화·교육 수준이 최고인 대국으로, 문화적으로는 유럽과 직결되어 예술 수준이 높고 수도 부에노스아이레스는 전통적으로 남미 문화의 중심을 이루어 왔다.

예쁜 소도시, 엘 칼라파테

6시간 정도를 달려 아르헨티나 엘 칼라파테에 도착했어. 인구 3만 명 정도가 사는 작은 소도시이야. 모레노 빙하를 찾는 여행객들이 주로 경유하는 곳이지. 둘러보니 아기자기하고 예쁜 공간이 참 많았어. 어디나 예술 작품 같았어. 무엇보다 예쁜 루피네꽃을 이곳에서도 볼 수 있어 반가웠단다. 분홍색, 보라색으로 피는 루피네는 추운 지방에서도 잘 자라. 내가 루피네꽃을 처음 알게 된 것은 미국 작가 버버러 쿠니의 《미스 럼피우스》라는 그림책 덕분이야. 주인공 꼬마는 할아버지의 무릎에 앉아 머나먼 세상 이야기와 세상을 좀 더 아름답게 만드는 사람이 되라는 이야기를 들었어. 꼬마는 자라서 도서관 사서로 일하지만 성에 차지 않아 세상 여행을 떠나. 오랜 여행을 끝내고 돌아와 할머니가 되었지만 고향 마을 바다가 보이는 언덕에 집을 마련하고 할아버지와 했던 약속을 실천해. 그가 한 '세상을 아름답게 만드는 일'은 밤낮으로 마을을 다니며 꽃씨를 뿌리는 거야. 정신 나간 늙은이라는 비웃음도 샀지만 이듬해 봄이 되자 마을에는 곳곳에 꽃이 가득 피어났단다. 그녀가 뿌린 꽃씨가 바로 루피네였어. 마을 사람들은 그녀를 '루핀 부인'이라 불렀지. 이 그림책은 따뜻하고 감동적이야. 숙소에 짐을 풀고 도시 구경을 나섰어. 가로수들이 어찌나 높이 자랐는지 한참을 쳐다보아야 해. 예술인들의 거리에 가 보았는데 예쁘고 특이한 돌, 알파카, 가죽, 유리, 도자기 등 좋은 작품이 아주 많았어.

도로 옆에 있는 작은 성당에도 들렀어. 십자가가 걸린 벽면은 답답한 콘크리트 벽이 아니라 통유리야. 자연 채광이 되는 소박하지만 격조 있는 공간이었지. 이런 성당을 만나면 들어가 잠시 동안이라도 기도하게 돼. 그러면 평안이 선물처럼 전해진단다.

서점에 들렀다가 시내 중심가에 있는 가장 큰 마트에서 다음날 먹을 점심 도시락을 준비했어. 과일도 사고 식빵과 치즈, 햄도 샀지. 저녁은 양고기 바베큐를 먹었는데 한국 돈 1만 5천 원 정도로 1인분을 먹을 수 있었단다.

엘 칼라파데는 밝은 파스텔톤의 아담한 소도시라 아주 마음에

늘었어. 안전하고 편안해서 많이 걸어 다녀도 피곤하지 않아 더 좋았단다.

또 다른 세상, 빙하 위를 걷다

모레네 빙하가 있는 곳은 칠레와 아르헨티나 사이에 국경을 마주하고 있는 곳이야. 빙하 국립공원 입구 매표소에서 입장권을 끊었어. 모레네 빙하 입장료는 700페소야. 한국 돈으로 25,000원 정도지. 페리토 모레네 빙하가 보이는 전망대에 도착하니, 옥빛 호수와 우뚝 솟은 설산이 서 있더구나. 그 사이로 호수를 덮어 버릴 것 같은 거대한 얼음덩어리인 빙하가 위용을 드러내고 있었지. 펼쳐지는 멋진 광경에 잠시 넋을 잃을 지경이었어. 아르헨티나 국기도 엘 칼라파테 호수의 풍경을 모티브로 삼았대. 위아래 짙은 하늘색은 옥빛 호수, 가운데 흰색과 노란색은 호수 뒤로 보이는 설산과 태양을 의미한대. 엘 칼라파테 호수의 푸른빛은 이 세상에 없는 물감을 풀어 놓은 듯 정말 아름다워. 이제는 만국기 속에서 아르헨티나 국기를 찾아낼 때 아름다운 호수 빛깔도 겹쳐 떠오를 거야.

빙하를 보는 방법은 크게 세 가지야. 첫째는 빙하 맞은편 산책로 전망대에서 바라보기, 둘째는 유람선을 타고 호수 위에서 빙하를 보는 것, 셋째는 직접 빙하 위에 올라가서 트래킹을 해 보는 거야.

이 세 가지 모두들 체험해 보기로 했단다.

먼저 경사로와 계단을 이용해 여러 방향으로 빙하를 볼 수 있는 전망대를 찾았어. 6킬로미터 폭에 20층 건물 높이의 거대한 얼음 덩어리가 파노라마처럼 펼쳐지는 거야. 가끔씩 쩌억쩌억 굉음을 내며 빙하 한쪽이 무너져 내렸지.

이 빙하는 아르헨티나 호수를 향해 날마다 조금씩 밀고 내려오기 때문에 살아 있는 빙하라는 소리를 들어. 파르스름한 흰빛을 띠는 빙하를 배경으로 피어 있는 붉은 꽃들은 어찌나 선명하고 붉은지 더 돋보였어. 빙하의 멋진 풍경에 감동한 사람들은 나름대로 현장의 분위기를 사진에 담고 있었는데 그 모습을 보는 것도 재미있었지.

다시 투어 버스에 올라 호수를 따라 10분쯤 달려서 선착장에 도착했어. 유람선을 타고 20분 정도 후 빙하 가까운 언덕의 선착장에 내렸지. 선착장 주변은 사암층이라 붉은색 암석은 부서져 갈라진 틈도 보이고 떨어져 나온 돌들이 바닥에 깔려 있었어. 경사진 길을 따라 걸어 올라가 매표소를 통과한 뒤 랭가나무 고목과 푸른 나무들이 하늘을 향해 쭉쭉 뻗어 있는 숲을 지났지. 다시 언덕길을 내려가서 모래가 깔린 길을 지나 빙하가 있는 곳까지 갔단다.

투어를 시작하기 전 현지 안내인이 빙하의 역사와 특징, 안전을 위한 주의사항을 알려 주었어. 빙하 입구의 나무 막사에서 빙하 트레킹을 위해 안내인이 아이젠을 직섭 신겨 주고 있었어. 줄을 서서 기다리다 받침대 위에 발을 올려놓으면 한 명 한 명 풀어지지 않게 단단히 아이젠의 끈을 매어 주고 걷는 법도 알려 주었단다.

아이젠을 신고 걸을 때는 뒷발부터 찍듯이 무게를 싣고 발을 내딛어야 해. 손을 짚으려고 하면 넘어질 수도 있어 위험해. 철로 만든 아이젠이라 한 발자국 옮길 때마다 발걸음도 무거웠어. 빙하를 올라갔던 색다른 경험을 어떻게 표현해야 할지 모르겠다. 분명한 것은 발자국마다 전해지던 사각거리는 얼음의 낯선 감촉이야. 조심조심 발걸음을 내딛을 때마다 사각사각 뿌득뿌득 소리가 났어.

푸른빛이 도는 빙하의 깊이를 알 수 없는 크레바스는 빠지면 누구도 구해줄 수 없을 것 같았어. 빙하가 녹아 크레바스에 고여 있는 물도 마셔 보았지. 물에 손이 닿자마자 손가락 마디마디가 얼얼해

졌단다. 하지만 한 모금씩 삼키자 몸 끝까지 맑아지는 기분이었어. 부드럽고 깨끗하고 뒷맛은 달고 시원했지. 빙하 위에서 수만 년의 축적된 세월을 마시는 느낌은 경이로움 그 자체야.

2시간여의 트레킹이 끝나고 하산 길에 안내인이 빙하의 얼음을 깨 넣은 위스키를 마시게 해 주었어. 한 모금 마셔 보고 안주로는 초콜릿을 먹었지. 술 맛도 모르고 마셨지만 그 이벤트는 빙하 위를 걸으며 긴장됐던 마음을 풀어 주었단다.

누군가는 죽기 전에 꼭 가 봐야 할 만큼 멋진 여행지로 페리노 모레노 빙하를 꼽았지. 사진으로만 보던 빙하를 체험한 건 일생일대의 경험인 것은 분명해. 얼음 강줄기를 따라 수억 년의 시간이 겹겹이 쌓여 있는 빙하는 고작 100년도 살지 못하는 인간 수명의 한계를 생각하게 하는 특별한 공간이었어.

빙하에 아이젠을 신고 올라가 두 시간 정도 빙하 위를 걸어 보는 미니 트레킹을 체험하는 데 드는 비용은 1인당 170불이야. 앞서서 관광객들이 위험에 처하지 않도록 안전한 길로 안내하는 사람과 옆에서 이탈하는 사람이 있는지 살피는 사람, 곡괭이를 들고 얼음을 찍어 길을 내 주는 사람, 아이젠을 신겨 주는 사람, 선착장까지 인솔하는 사람까지 합치면 많은 사람들이 트레킹을 돕는 셈이고 그만큼 일자리도 제공하니 아르헨티나의 관광 산업에 큰 힘이 되겠다는 생각이 들었단다.

엘 칼라파테 역사박물관과 마테차

엘 칼라파테 지역 역사박물관 입구에는 분홍색 루피네가 소담하게 피어 있었어. 박물관은 작은 규모지만 지역의 자연사와 인문학적 배경이 되는 유물과 사진이 전시되어 있더구나. 공룡과 익룡 화석, 스페인 침략 후 원주민 수탈과 저항의 역사, 스페인에 대항해 파업이나 독립운동을 하다 처형된 사람의 사진 등이 전시되어 있었단다. 엘 칼라파테 지역의 고대 자연사와 원주민들의 역사를 이해하는 데 도움이 되었어. 시대별로 모레노 빙하의 빙벽이 무너지는 주요 장면을 동영상으로 볼 수 있게 해 놓아 빙하의 위력을 실감할 수 있었단다.

박물관에서는 현지인이 직접 만든 수공예품, 차와 꿀, 원주민을 모델로 그린 그림과 관련 책도 팔고 있었어. 입장권에 마테차 시음권도 포함되어 있기에 나오면서 직원에게 마테차를 마실 수 있게 해 달라고 부탁했지. 그냥 보통 찻잔에 담아 주는 줄 알았는데 마테차를 마시는 잔이 따로 있더구나. 남미 문학 작품을 읽다 보면 마테차를 마시는 구절을 만날 때가 있었지. 그때는 일반적인 차 마시는 모습을 상상했는데 실제로 보니 그렇지 않았어.

직원이 보여 준 마테차 마시는 방법은 녹색 가루가 든 컵에 물을 채워 넣고 쇠로 된 빨대를 꽂고 마시는 거였어. 당황스러운 것은 마테잔 하나에 빨대를 꽂고 빨아 마시면서 잔을 비운 후 다시 물을 부어 다른 사람이 같은 잔에 같은 빨대를 이용해 차를 마시게 하는 거야. 비위생적이라는 생각이 들어 처음엔 다른 사람이 먹던 빨대를 이용하는 게 내키지 않았지만 이런 방식도 이 지역의 문화라는 생각이 들어 휴지로 빨대를 닦고 마테차를 마셔 봤지. 칡차 맛도 나고 떫은 맛, 쓴맛도 있고 부드러운 단맛도 섞인 한약 맛이었어.

찻잔은 구암빠라 부르는데 작은 항아리처럼 동그랗게 생긴 것, 목이 긴 것, 나무로 만든 둥근 것, 금속이나 동물 뼈로 만든 것도 있어. 컵 표면에 금속이나 유리, 가죽으로 만든 장식품을 붙이기도 해. 빨대의 이름은 봄비야인데 끝에 쇠로 된 거름망이 달려 있어. 구암빠와 봄비야는 디자인이 다양하여 자신의 개성을 드러내는 수단이 된대.

쇠로 된 빨대 봄비야 하나로 여럿이 돌아가며 맛을 보았어. 마테차를 빨대 하나로 여럿이 함께 먹는 것은 동류의식과 연대감을 느끼는 이 지역의 문화라는 것도 알게 되었지. 마테차를 권할 때 거부하는 것은 예의가 아니라고 해. 마테차를 건넨다는 건 누군가와 대화를 하고 싶다는 뜻이고, 시간을 함께 나누고 싶다는 뜻인 거야.

그리고 보니 박물관 벽의 남미 대륙 지도엔 마테의 주요 생산국인 브라질, 아르헨티나, 파라과이가 표기되어 있었어. 그 옆에는 지방 분해, 빈혈 치료, 노화 방지, 면역력 증대 같은 마테차가 가진 효

능도 한 가득 적어 놓았더구나. 현재 마테의 최대 생산 및 소비 국가는 아르헨티나야. 아는 만큼 보인다는 말처럼 햇살 가득한 공원에서 마테차를 마시며 어울리던 현지인의 모습도 어떤 마음인지 이해할 수 있게 되었단다.

우수아이아로 가기 위해 엘 칼라파테 공항으로 갔어. 우수아이아는 아르헨티나 남쪽 끝에 있는 티에라델푸에고 제도에서 가장 큰 섬에 있지. 남아메리카 대륙 남쪽 끝, 대서양과 태평양을 잇는 비글 해협에 위치한 남극 항로의 기점인 곳이지. 남극을 방문하는 관광객뿐만 아니라 과학자들의 남극 방문 전초기지 및 보급기지로 사용되는 곳이야. 우수아이아에서 남극까지는 1,000킬로미터 정도이며 매년 30여 척의 배가 출항하는데, 혹독한 추위 때문에 10월 중순부터 다음 해 4월 초순까지만 방문할 수 있대. 겨울에는 영하 40도까지 내려간다니 얼마나 추울지 상상이 안 돼. 한때 이곳은 아르헨티나 죄수들의 유배지이기도 했으나 지금은 해군 기지가 들어서고 관광 산업도 발전하고 있는 곳이지.

탑승 수속을 밟고 게이트 앞에 서니 통유리로 된 벽을 사이에 두고 아름다운 풍경이 펼쳐졌어. 활주로 옆에 있는 엘 칼라파테 호수의 푸른 빛깔이 다 드러났지. 그래서일까 엘 칼라파테 공항은 세계에서 가장 아름다운 공항 중 하나로 손꼽힌대. 푸른 하늘과 녹색의 초원, 설산과 빙하가 녹아 고인 푸른 호수가 곁에 있는 공항이니 어찌 아름답지 않을 수 있겠니?

우수아이아까지 가는 동안 비행기 창으로 보는 바깥 풍경은 장관이었어. 운해 사이로 보이는 아르헨티나 팜파스 평원, 안데스 산지의 만년설, 비단실처럼 굽이치는 강줄기들…. 모두 아름답고 신비롭기만 했단다.

세상의 끝, 우수아이아

우수아이아는 남미 대륙 최남단에 있는 인구 6만 명이 사는 아르헨티나의 항구 도시로 '세상의 끝'이라는 수식어가 붙기도 해. 우수아이아 공항은 항구를 끼고 있어서 기상 이변에 취약하겠다는 생각이 들었어. 파타고니아 지역이라 바람이 많이 불었단다. 똑바로 서 있으려 해도 몸의 중심을 잡기 어려울 정도였지. 공항 내부는 특이하게 나무로 되어 있었어. 나무를 정교하게 연결해 지은 건물이라 어느 방향의 하중과 충격에도 유연성을 가지고 버텨 낼 수 있을 것 같았어. 폭설이나 지진 피해를 줄이기 위해 그런 건축 방식을 취하지 않았을까 생각해 봤지. 나무로 지어져 자연미와 더불어 원목의 향취를 느낄 수 있는 건물이라 인상 깊었어.

숙소는 해변과 시가지가 가까운 곳이었어. 창을 열면 설산이 보

여 마음에 들었지. 해변에는 크루즈가 정박해 있고 도시를 둘러싼 산봉우리에는 만년설의 잔해가 쌓여 곳곳이 히말라야의 안나푸르나 정상처럼 보였단다.

해변에서 가까운 '늙은 어부의 집'이라는 식당에서 빠에야로 저녁식사를 했어. 홍합, 새우, 게살, 조개 등이 들어간 한국식 볶음밥과 비슷해 입맛에 맞았는데, 전에 스페인에 갔을 때 먹었던 빠에야와는 조금 다른 맛이었어.

스페인식 빠에야는 바닥이 넓은 프라이팬에 쌀과 노란 향신료 샤프란을 풀고 새우, 오징어, 홍합, 완두콩 등을 넣은 꺼들꺼들하면서 향긋한 해산물 볶음밥요리야. 빠에야를 만들다 보면 바닥에 밥이 눌러 붙는데 그걸 '소카라다'라고 해. 스페인 사람들은 소카라

다를 무척 좋아해서 "소카라다 없는 빠에야는 빠에야가 아니다"라고 말할 정도지. 우리 식으로 말하면 소카라다는 누룽지인 셈이야. 그러고 보니 어렸을 때 강원도에서는 누룽지를 소꼴기라고 불렀던 생각이 나. 소꼴기와 소카라다는 어감이 왠지 비슷하지 않니?

식당을 나와 숙소로 가는 길에 아이스크림 가게에 들렀어. 블루베리와 망고 파타고니아로 이름 붙여진 아이스크림을 사 먹었단다. 많이 달지도 않고 뒷맛이 깔끔해서 좋았지. 아르헨티나를 방문하면 아이스크림을 꼭 맛보라고 추천할 게. 아르헨티나는 남북으로 기후가 다양해 여러 종류의 과일이 생산되고 목축업이 발달해 우유나 유제품의 질도 좋거든. 아르헨티나에 온 유럽 이민자 중에는 이탈리아인이 많아. 원래 이탈리아의 본젤라또 아이스크림이 유명하잖아. 그래서일까 아이스크림이 특별히 더 맛있어.

우수아이아의 첫 밤은 길었어. 9시가 넘었는데도 해가 지지 않았어. 쌀쌀한 밤공기에 움츠렸던 어깨가 집집마다 환하게 켜지는 불빛 때문에 따뜻해졌단다.

다윈을 떠올리게 된 비글해협

새벽 4시, 요란한 빗소리에 잠이 깨어 일어났어. 오전에 비글해협 크루즈를 예약해 놓았는데 비가 계속 오면 운항이 취소될 수도 있을 것 같았거든. 비글해협은 《종의 기원》을 쓴 진화생물학자 찰스 다윈이 탐험선 비글호를 타고 항해하다가 이곳을 발견했다고 해서 붙여진 이름이야. 다행히 오전 9시 10분 출발할 무렵에 비는 그쳤지만 바람은 여전히 강하게 불었지. 크루즈선 안은 카페처럼 긴 테이블과 의자가 놓여 있어 서로 마주 보고 앉게 되어 있었어. 전망이 좋은 창가 자리에는 이미 다른 사람들이 앉아 있었지. 젊은 아가씨 혼자 앉아 있는 자리 옆에 양해를 구하고 앉았단다.

배가 출발하자 그쳤던 비가 다시 간간이 뿌리기 시작하더니 한 시간 정도 지나자 제법 유리창을 적시기 시작했어. 파도도 높아 출렁출렁 일렁일 때도 있었지만 다행히 염려했던 심한 멀미는 하지 않았단다. 바위섬 주변에는 하늘을 뒤덮듯 가마우지 떼가 날아다녔지. 섬에 내려앉아 바다를 응시하는 가마우지는 얼핏 보면 펭귄처럼 생겼어. 바위 위에 하얀 배를 드러내고 가득히 앉아 있는 모습은 장관이었지. 바위섬 위에 드러누워 있는 바다사자가 한가롭게 보이기엔 날씨가 너무 궂었단다.

중간에 작은 섬에 배를 접안시켜 주었어. 원주민이 살던 모습을 재현해 놓은 집과 사용하던 배도 전시되어 있는 곳이었지. 바람이 세고 춥기두 해서 똑바로 서 있기두 힘들었단다. 그런데두 그곳에 식물이 자라고 있어 놀라웠어.

크루즈의 종점은 지구의 가장 끝에 있는 빨갛고 하얀 페인트가 칠해진 등대였어. 등대 위에 올라갈 수는 없었지만 등대를 배경으로 사진을 찍을 수 있도록 선장이 배를 움직여 주더구나. 관람객들은 탄성을 지르며 이곳저곳에서 사진을 찍느라 분주했어. 등대 주변에는 가마우지 떼와 바다사자가 여전히 그 자리를 지키고 있었어. 배 안에서 옆자리에 앉은 아가씨와 이야기를 나누다 보니 독일 함부르크에서 출발해 3개월 예정으로 남미 지역을 여행 중이라는 거야. 마트에서 아르바이트를 하며 여행 경비를 마련해 혼자 여행길에 나선 열아홉 살 멜러는 겸손하고 속이 깊어 보였어. 우리나라 학생들도 입시 위주의 교육에서 벗어나 세계 각지로 여행을 떠날 수 있다면 더 나은 공부가 될 텐데 하는 생각이 들었지. 멜러가 대견하고 기특해 엊그제 마트에서 산 바나나, 사과, 버터를 나누어 주고 포도와 비스킷도 나누어 먹었어. 짧은 시간이지만 좋은 기억으로 남아 서로에게 그리운 시간의 한 조각이 될 거야.

배가 다시 항구로 돌아왔을 때는 비가 완전히 그치고 햇살이 비추었어. 설산과 바다와 항구가 예쁘게 그려진 '세상의 끝 우수아이아'라고 표기된 조형물 앞을 지나 '세상의 끝 박물관'으로 갔단다. 예전에 은행으로 쓰였던 건물을 개조해 우수아이아의 역사를 담아 놓은 박물관으로 만들었대. 작은 규모였지만 선사 시대부터 현재에 이르기까지 폭넓은 역사를 담고 있었지. 푸에고섬에 살고 있는 오너족, 테우엘족, 아라카르프족 등의 모습과 생활용품, 그들의 삶을 기록한 사진을 전시하고 동영상도 틀어 주었어. 추운 날씨에 옷도 제대로 갖춰 입지 않고 바다사자 기름을 바른 채 카누를 타는 부족, 동물 가죽으로 옷을 만들어 입은 부족의 모습도 볼 수 있었지.

유럽 이민자들이 길을 내고 철로를 부설하기 위하여 본국의 죄수들을 이곳으로 강제 이주시켜 노역을 시킨 역사도 사진으로 남겨 놓았단다. 야외 전시장에는 유럽의 정복자에 의해 사라진 원주민을 확대한 사진이 걸려 있었어. 아르헨티나의 독재자였던 로사스는 "소나 돼지는 고기라도 먹지만 미개한 원주민은 양식만 축내는 기생충 같은 존재이니 씨를 말려야 한다"며 원주민 섬멸 작전을 펼쳤어. 지금 아르헨티나에서 인디오를 보기 힘든 이유가 바로 여기에 있어. 그래도 몇 장의 사진으로 과거 모습과 현재 그 후손의 모습까지 연결해 놓은 것은 의미 있게 보였단다.

우수아이아 관광지도를 들고 감옥·해양박물관을 찾아 나섰어. 소도시지만 길을 모르니 목적지 주변을 뱅글뱅글 돌게 되더구나. 그래도 지도에 표기된 사진을 보여 주면 현지 주민들이 친절하게 알려 주었단다. 감옥·해상박물관을 찾아갈 때는 청년 둘이 아예 자신들 뒤를 따라오라며 앞장서 입구까지 데려다 주었어. 배려가 어떤 것인지 보여 준 청년들이었지.

감옥·해양박물관은 1902년 죄수들에 의해 지어져 범죄자와 정치범 등 최대 600명이 넘는 죄수를 수용했던 곳이야. 1948년 문을 닫으면서 감옥을 박물관으로 사용하고 있단다. 해군과 관련된 시설물이라 그런지 하얀 군복을 입은 여군이 정문 초소를 지키고 있었어. 건물 마당에는 당시 죄수들의 생활을 상상할 수 있는 조형물이 서 있었지. 거제도에 갔을 때 들렀던 포로수용소의 조형물과 닮아 친근했단다.

입장료가 1인당 400페소야. 우리나라 돈 2만 원 정도이니 비싸다고 생각할 수 있지만 막상 둘러보면 전혀 아깝지 않아. 감옥박물관, 해양박물관, 상설미술관까지 둘러볼 수 있으니까. 감옥박물관에는 100년 전 죄수를 가두었던 한두 평밖에 되지 않는 방이 1층과 2층을 합해 수백 개야. 실제 1902년 당시 감옥의 모습을 그대로 재현해

놓은 곳도 있고, 실제 죄수를 속박했던 도구와 당시 상황을 알 수 있는 그림, 사진, 죄수의 생활을 재현한 조형물도 전시하고 있었어.

세계 각국의 감옥도 소개하고 있었단다. 일본의 감옥은 일제강점기 우리나라 독립운동가들이 고통당한 서대문형무소와 닮은꼴이었어. 암울했던 그 시대의 역사적 아픔이 떠올라 잠시 목이 메었어.

해양박물관에는 아르헨티나 배와 해군의 발전상을 알 수 있는 모형과 사진을 전시하고 있었어. 아르헨티나 해군은 남미에서 브라질 다음의 규모야. 1982년 아르헨티나는 자국과 가까운 영국령 포클랜드섬을 '회복'하겠다며 침공했다가 영국군에게 패했지. 아르헨티나는 이 포클랜드 전쟁 당시까지만 해도 항공모함과 순양함을 비롯해 남미에서 가장 강한 해군력을 보유하고 있었단다. 하지만 포클랜드 전쟁을 치르면서 8척의 함정이 격침당했고. 이후 경제도 급속도로 후퇴하기 시작했단다.

다채로운 펭귄 인형이 있는 전시실도 인상 깊었어. 비글해협의 자연 생태 구역으로 지정된 섬에는 수만 마리의 펭귄이 살고 있단다. 펭귄은 우수아이아 시내 곳곳 간판이나 벽화에도 그려져 있는 우수아이아를 상징하는 동물이었어. 펭귄 관련 상품도 매우 많았지.

상설미술관도 좋았어. 이곳에서 미술품을 보게 될 줄은 몰랐거든. 그래서 더 감동이 컸어. 여성과 빈민을 주제로 한 전시였지. 여성의 누드를 소재로 한 그림들이었는데, 여성의 몸을 욕망의 대상으로 바라보거나 상품화하려는 의도는 보이지 않았어. 오히려 벗은 몸으로 근원적 슬픔, 삶의 질곡을 표현하려는 것 같아 그림을 보는 내내 마음이 무거웠어. 그림 속의 여성들은 매춘을 하는 여성일 수도 있겠다는 생각도 들었지. 인간 존엄의 가치를 다시 생각하게 만든 의미 있는 전시회였단다.

칠레와 아르헨티나 파타고니아의 경이로운 자연환경은 감동 그 자체였어. 북유럽처럼 세련된 모양의 건물, 아기자기한 소품과 파스텔 톤의 색상은 여행자의 감성을 건들이더구나. 꿈에 그리던 지구의 땅 끝 여행을 할 수 있어서 행복했지. 지쳤던 마음이 채워졌고 인간 삶의 위대함에 대해 다시 생각하게 되었단다.

저녁 8시 30분 우수아이아 공항을 이륙한 비행기는 밤 11시 45분 부에노스아이레스 공항에 착륙했는데, 야경이 화려했어. 숙소에 도착하니 거의 새벽 1시가 다 되었지. 피곤한데도 금방 잠이 오지 않아 뒤척이다 겨우 잠들었단다.

역사와 예술이 있는
부에노스아이레스 몬세라트 지구

부에노스아이레스는 '좋은 공기'라는 의미를 가진 '남미의 파리'라 불리는 아름다운 도시야. 볼거리가 많은 곳이라 아침부터 일찍 서둘렀지. 부에노스아이레스의 중심이라고 할 수 있는 '5월 광장'을 먼저 찾았어. 밝은 햇살과 초록의 잔디밭이 어울렸고 사람들의 발걸음에서 활기가 느껴졌단다.

5월 광장은 1810년 5월 25일 아르헨티나가 스페인으로부터의 독립을 선언한 5월 혁명에서 이름을 딴 광장이야. 아르헨티나 각 주에서 수집한 흙을 모아 보관해 놓은 탑도 이곳에 있어. 그 중심에는 분홍빛 집인 카사 로사다라는 대통령궁이 있지. 1825년 신고전주의 양식으로 지었는데, 1860년 도밍고 사르미엔토 대통령 시절 보수하면서 분홍색으로 칠했다고 해. 당시 부에노스아이레스 주도의 중앙 집중적 체제를 지지하는 자유당(붉은색)과 지방 각주의 자치에 기반을 둔 연방제를 지지하는 연합당(하얀색)의 첨예한 대립을 완화시킬 목적으로 분홍색으로 칠했다는 이야기도 있어.

아르헨티나에서는 1955년부터 1983년까지 약 30년 동안 모두 여덟 번이나 쿠데타가 일어났을 정도로 정치적 혼란이 심했어. 그 중 1976년 쿠데타로 집권한 호르헤 비델라 군사 독재 정권의 통치는 잔혹하고 억압적이었지. 정치와 경제 위기를 극복한다는 명목으로 '국가 재건 과정'이라는 계획을 세워 자신들이 정한 기준에 맞지 않는 사람들을 납치하거나 고문하고 죽였단다. 주로 지식인, 학생, 노동자들이 탄압 대상이었지. 특히 5월 광장은 1976부터 1983년까지 아르헨티나의 군부 독재가 절정에 이르던 시절, 민주화 운동의 열기와 독재 정권에 희생된 자식을 찾는 어머니들의 한이 깃든 광장이야. 당시 약 45,000명이 실종되었고 200만 명이 외국으로 망명했어. 수많은 사람이 군사 독재 정권에 의해 '공산주의자'로 몰려 희생되었단다. 반정부 인사 가운데 임신한 여성들은 족쇄를 찬 채 출산하였고, 아이들은 친정부 인사들에게 넘겨졌어. 출산한 여성과 구금자들을 한밤중에 군용기에 실어 바다에 산 채로 던지기도 했대. 살벌한 군부 독재의 계엄령 아래서 모두가 침묵할 때, 자녀와 손주를 잃은 어머니와 할머니들은 '5월 광장의 어머니회'로 모여 군부 독재에 정면으로 맞섰지. 매주 목요일 행방불명된 자식과 손자를 찾아 달라며 머리에 하얀 수건을 쓰고 "산 채로 나타나라"라는 플래카드를 든 채 집회를 이어 가고 있어. 그들이 머리에 쓴 흰 수건은 아기들의 하얀 기저귀 천이야. 5월 광장에 담긴 저항 정신은 우리가 경험했던 식민지 시대와 군부 독재 시절의 아픔과 닮아 있어 안타까웠단다.

아르헨티나 정부는 부에노스아이레스 시내에 있는 해군공병학교 건물에 '기억의 박물관'을 만들어 국민들과 외국인 관광객들에게 과거 비델라 군부 정권이 저지른 만행을 고발하고 있어. 바로 그 건물을 비델라 정권은 5,000명이나 되는 반체제 인사를 납치해 고문하고 살해하는 장소로 활용했기 때문이야. 비델라에게는 종신형, 다른 주요 군부 인사들에게도 종신형이나 17년형이 내려졌어.

하지만 1989년과 1990년에 국가 화합이라는 명목하에 39명의 군부 인사들을 포함해 총 289명에게 사면령이 내려졌지. 1987년에 '명령 복종 처벌 불가법'을 만들어 군 복무 당시 이루어진 인권 유린 범죄를 처벌하지 못하게 한 거야. 그러나 2003년 과거사 문제는 다시 국제인권조약에 위배되어 위헌이라는 판결이 나왔어. 지금도 실종자들의 진상이 밝혀지지 않고 있어서 집회가 계속되고 있으니 여전히 진행 중이야.

도시를 여행할 때는 그 지역의 정체성을 잘 확인할 수 있는 곳을 찾아가게 되는데 대표적인 곳이 박물관이야. 지역마다 문을 열고 닫는 시간이 달라 사전에 잘 확인하고 가야 하는데 낯선 외국에서는 언어 소통이 원활하지 않아 계획대로 다 보기가 어려워. 부에노스아이레스에서도 그 점을 실감했어. 역대 대통령의 유품을 모아 놓은 카사로사다 박물관을 보기 위해 찾아갔는데 주말과 공휴일에만 열고 평일엔 열지 않는다고 해서 정말 아쉬웠어.

발길을 돌려 까떼드랄 메트로폴리탄 대성당으로 갔어. 5월 광장 가까이에 있는데 얼핏 보면 박물관이나 미술관이라고 생각할 수도 있어. 1827년 완성된 네오클래식 양식의 성당이야. 파르테논 신전처럼 12개의 대리석 기둥이 외벽에 있는데 12사도를 의미한대. 성당 안으로 들어가면 웅장하고 화려한 모습에 압도된단다. 성당 내부 제단의 섬세한 은장식은 황금이 아니라도 화려했어. 고해성사

172

같은 의식을 하는 곳도 있었고, 어떤 방문객은 신부님께 기도를 받고 있었지. 성당 내부 중간쯤에 남미 해방의 아버지라 불리는 호세 데 산 마르틴 장군의 유해가 안치되어 있었어. 독립군 제복을 입은 호위병 두 명이 방의 입구를 지키고 있었지. 오전 11시, 사람들이 모여드는 곳에 가 보니 호위병 교대식이 있었어. 짧은 시간이었지만 엄숙하고 격조 있는 의식이었단다.

나오면서 보니 성당 입구 바닥에는 들어갈 때 본 모습 그대로 노숙자와 걸인들이 누워 있었어. 덮고 있는 때에 찌든 얇고 해진 담요가 희망 없이 살아가는 그들의 처지인 것만 같아 연민을 갖고 보게 되었지. 빈곤 때문에 인간의 존엄성마저도 상실한 채로 거리에서 생활하는 사람들을 화려한 도시에서 보면 상대적으로 더 비참해 보이더구나. 더구나 사랑과 평화를 기원하며 나오는 성당 앞에

서 이런 사람들을 보면 마음이 무거워. 농전 몇 개를 그들 앞에 놓인 바구니에 담아 준다고 문제가 해결될까? 그들과 같은 사람을 돕기 위해 할 수 있는 일이 무엇일까 다시 생각해 보지만 답답함에 마음만 더 무거워지더구나.

＊ 호세 데 산 마르틴(Jose de San Martin, 1778~1850)

아르헨티나에서 태어난 호세 데 산 마르틴은 볼리바르와 함께 페루와 칠레, 아르헨티나를 독립시킨 독립운동 지도자다. 특히 아르헨티나 건국의 아버지로 추앙받고 있다. 젊은 시절 유럽에 건너가 스페인의 독립을 위해 나폴레옹에 맞서 싸웠고 아르헨티나로 돌아와서는 스페인에 맞서 남미의 독립군을 이끌었다. 산 마르틴은 스페인과의 전쟁에서 이기고 조용히 낙향한다. 스페인 제국주의가 무너지자 식민지 내부에서 권력 투쟁이 시작되었고, 각 세력은 모두 독립전쟁의 영웅 산 마르틴을 영입하여 자신의 편으로 만들려고 했다. 그는 자신이 해방시킨 식민지 민중들을 향해 총부리를 겨눌 수 없다며 내전에 참전해 달라는 모든 요청을 거절했다. 이후 남미를 떠나 프랑스에서 30여 년간 쓸쓸한 노년을 보내다가 1850년 72세의 나이로 사망했다. 프랑스에 있던 그의 시신은 1880년 아르헨티나 까떼드랄 메트로폴리타 대성당에 이장되었고, 조국으로부터 '해방자'라는 칭호를 얻었다. 현재까지도 아르헨티나의 최고 훈장은 '해방자 산 마르틴 장군 훈장'이다.

5월 광장 주변 디펜사 거리를 걷다가 선물처럼 노천시장을 만났단다. 공장에서 만들어진 평범한 기념품들도 눈에 띄었지만 세상에서 하나밖에 없을 것 같은 수공예품들이 더 많았어. 거리를 걷다가 '7월 9일 도로' 안에 있는 나무가 우거진 공원을 만났어. 이 도로는 세계에서 가장 넓은 도로인데 폭이 144미터이고 14차선이야. 도로 안에 왕복 4차선의 버스 전용 차선이 따로 있어. 신속하게 건너지 않으면 중간의 교통섬에서 기다려야 해. 교통섬 일부 구간에는 공원처럼 나무와 잔디밭과 휴식 공간도 있고 도로 한가운데 오벨리스크가 우뚝 서 있었어. 1946년 부에노스아이레스 건립 400주년을 기념하기 위해 코르도바에서 가져온 흰 돌과 콘크리트로 만들었대. 높이가 76미터라 주변 어디에서든 보여 랜드마크 역할을 해. 랜드마크는 그 지역을 대표할 수 있는 상징물인데, 자연적으로 이루어진 것보다 인위적으로 만든 것이 더 많아. 그래서 랜드마크가 있는 지역은 다른 곳보다 특별한 의미를 지니게 된단다. 오벨리스크를 바라보며 이집트에서 태양 숭배의 상징이었던 조형물이 부에노르아이레스에 있다는 게 뭔가 생뚱맞다는 생각도 들었어.

'7월 19일 도로' 폭이 너무 넓어서일까 라 보까 항구까지 가는 택시 잡기가 쉽지 않았어. 근처에 배치된 경찰들에게 방향을 물었더니 경찰이 나서서 아예 택시를 잡아 주었어. 부에노스아이레스는 남미의 다른 도시들에 비해 세련된 건축물과 고층 건물이 많고 바둑판처럼 살 짜인 격자형 도로가 발달되어 있었단다. 유럽의 도시 하나를 옮겨 놓은 듯했지. 택시를 타고 지나가며 보까 주니어스 경기장을 봤어. 보까 주니어스 팀은 가난한 이민 노동자들에 의해 창단되었어. 마라도나가 뛰었던 팀으로 유명하지. 후에 아르헨티나 최고의 축구팀으로 성장했고, 구단주 마우리시오는 2015년에 아르헨티나의 대통령에 당선되었어. 남미는 어디서나 축구에 대한 열정과 관심이 높아. 영국에서 축구가 스포츠로서 자리 잡은 후 아르헨티나에 전해졌을 때, 빈민가에서 축구는 엄청난 인기를 얻었지. 아르헨티나에서는 좁은 공간에서 축구를 하다 보니 공을 현란하게 다루는 기술이 발전했대. 빈민가 좁은 골목에서 아이들이 축구공을 가지고 노는 장면을 상상해 보렴. 축구의 신이라 불리는 마라도나 역시 지독하게 가난한 마을에서 오직 축구 하나를 낙으로 삼고 성장했대. 아무튼 지금 남미 출신 축구 선수들은 화려하고 멋진 개인기와 유연하고 정확한 패스 실력을 갖춰 최고의 몸값을 받고 있어.

택시에서 내리니 한적한 항구 분위기와는 다른 원색의 건물과 타일 장식물이 눈에 들어왔어.

탱고와 무지개 색 거리, 까미니또

라 보까 지역의 중심 거리인 까미니또에 들어서니 형형색색으로 칠해진 집들이 늘어선 독특한 풍경이 눈에 들어왔어. 예전에 보까 항에 살던 가난한 사람들이 함석판과 나무판자로 집을 지은 뒤 선박을 칠하고 남은 페인트를 구해 칠하면서 원색의 거리가 되었대.

까미니또라는 글씨가 쓰여 있는 건물 2층 테라스에는 교황 인형이 오른손을 들고 여행객들을 맞이하고 있어. 그 건물 오른쪽 벽에는 초기 이민자들과 하층민이었던 뱃사람들이 생활하던 모습을 부조로 만들어 놓았단다. 새롭게 시작하는 낯선 삶에 대한 두려움과 팍팍한 현실을 견뎌 내야 했을 가난한 사람들의 이야기가 그려져 있지. 낡은 옛 건물과 그 위에 덧대어 올린 양철집에 화려한 페인트를 알록달록 칠해 놓으니 남루함 대신 활기가 넘쳤어.

거리에는 화가들이 그린 다양한 그림과 벽화가 있었지. 주로 까미니또와 탱고 그림이었어. 거리는 화가들의 작업실이며 전시 공간이자 예술품 그 자체였어. 온갖 다양한 공예품도 직접 만들어 팔고 있었어. 어디를 둘러봐도 재미있고 지루하지 않았단다.

까미니또에서 만난 또 하나의 멋진 광경은 탱고였어. 부에노스 아이레스가 관광 명소가 될 수 있었던 것도 바로 탱고의 고향이라고 할 수 있는 이곳 라 보까가 있기 때문일 거야. 까미니또 레스토랑 앞에서 작은 탱고 공연들이 이어지고 있었어. 탱고 의상을 차려입고 여행자와 함께 탱고를 추거나 함께 사진을 찍고 돈을 받는 사람들도 있었지. 조금은 작위적인 연출이었지만 오히려 사람들에게 유쾌함을 주었어. 아주 작은 골목길에는 대형 버스를 타고 방문한 단체 관광객들로 북적였어. 카페에 앉아 커피와 맥주를 마시며 길거리의 탱고 분위기를 감상하는 사람도 있었단다. 12월이지만 한여름의 무더위 때문에 햇살이 뜨거웠어. 그래도 분위기에 흠뻑 취해 있으니 이곳에서 귀중품이나 돈을 강탈당하는 일이 많다는 소문 때문에 가졌던 긴장감은 사라지고 여행의 흥겨움만 가득했단다.

✻ 탱고라는 단어에는 흑인들이 춤추던 장소라는 의미가 담겨 있다. 탱고의 라틴어 어원 'Tangere'에는 '만지다', '맛보다', '가까이 다가서다', '마음을 움직이다'라는 뜻이 포함되어 있다. 탱고의 기원에 대해 다소 논란은 있으나, 대체로 1870년대 아르헨티나의 수도인 부에노스아이레스의 보까 지역 하층민 사이에서 기원이 다양한 여러 종류의 노래와 춤이 결합되어 발생했다고 보고 있다.

1870년대 부에노스아이레스의 남부 보까 지역으로 아프리카 흑인들과 쿠바 선원이 모여들었고, 19세기 말 전쟁으로 생계의 기반을 잃은 유럽의 이민자들도 대거 유입되었다. 유럽은 당시 인구 과잉 상태에 있었지만 아르헨티나는 경제가 빠르게 성장하며 상대적으로 노동력이 부족했다. 이때 스페인과 이탈리아로부터 이민자들이 대량으로 아르헨티나로 이주했다. 이민자는 새로운 땅에 정착하기 위해 힘겨운 생존 투쟁을 벌여야 했는데, 가족을 두고 홀로 온 남자들이 많았다. 그러다 보니 당시 아르헨티나에는 결혼 적령기의 남자 수에 비해 여자가 절대적으로 부족했다. 이주민 노동자들은 고단한 하루를 마친 후 선술집에서 술 한 잔 앞에 놓고 향수와 외로움을 달래려고 서로를 끌어안고 춤을 추기 시작했다. 고달픈 그들의 삶의 애환을 달래 주던 춤이 바로 탱고였다. 스페인 정복자의 리듬과 아프리카 흑인 노예들의 경쾌한 칸돔베 리듬과 즉흥적 스텝, 쿠바 선원들이 전해 준 느린 아바네라, 그리고 다양한 유럽 노동자의 리듬이 섞이고 아프리카 흑인 댄스의 가벼운 발동작에 유럽의 단순

세상에서 가장 아름다운 공동묘지, 레콜레타

까미니또를 나와 레콜레타 묘지로 갔어. 묘지의 입구인 줄 알고 들어갔더니 묘지가 아니라 성모 필라르 성당이더구나. 규모는 작아도 순백색 건물이라 단아했어. 성당 내부도 겉모습만큼이나 하얀 벽이 깔끔했고 남미에서 보았던 다른 성당과는 달리 장식도 절제되었어. 크리스마스를 앞두고 관련 용품과 성물을 팔려고 올려놓은 파란색 테이블보가 하얀색 성당 건물과 대비되어 더 선명해 보였단다. 묘지는 성당 바로 옆에 있었는데 많은 사람들이 들어가려고 기다리고 있었어. 그 사람들을 따라 묘지로 들어서면서 깜짝 놀랐어. 묘지가 아니라 다양한 기법의 건축 양식과 조각품이 줄지어 있는 호화로운 집들이었기 때문이야. 십자가가 있어 무덤이라고 생각하게 되는 거지 들어가 살아도 되겠다 싶은 그런 규모의 집 같은 무덤이 거의 대부분이야. 여러 가지 색깔의 대리석과 청동 등의 재료로 만든 레콜레타 묘지는 호화롭고 아름다운 동화 속 마을 같았지. 나무와 꽃이 핀 정원에 강아지와 함께 있는 소녀상도 있고, 잠자듯 누워 있는 여인의 모습, 철모를 쓰고 말을 탄 장군의 모습, 책을 들고 있는 학자, 날개 달린 성모상, 색 타일로 정교하게 장식한 무덤··· 하나하나가 석조 예술품이었어. 가끔 유리문 속을 들여다보면 지하에 쌓인 관이 보일 때도 있었는데 섬뜩함을 느끼기엔 주변이 너무 환했고 지나다니는 사람들도 많았어. 그러나 묘지와 통로가 많고 좁아서 한적한 곳을 혼자 다닐 때는 길을 잃어버릴 것 같아 그때는 긴장이 되었단다.

　묘지 사이를 걷다가 주황색 능소화가 활짝 핀 나무 그늘 밑 돌 의자에 앉아 있는데 은은한 종소리가 계속 들렸어. 관리인이 다니며 입장객을 나가라고 하는 거야. 시계를 보니 오후 5시 30분, 묘지 문 닫는 시간이 5시 30분이라는 걸 미처 몰랐어. 마지막 입장 시간이 오후 5시 30분인 줄 알았는데 그게 아닌 거야. 마음이 바빠졌어. 에비타의 묘지를 미처 보지 못했기 때문이야. 급하게 정문 관리소로 뛰어가 에비타를 외치며 위치가 어디냐고 물었어. 88번 묘역이라고 알려줬지만 시간이 촉박하니까 묘지를 찾아가는 길이 묘하게 더 어려웠지. 그때 골목을 나오는 사람들 속에 한국말이 들렸어. 가족이 함께 온 한국 여행객들이었어. 어찌나 반가운지 그들에게 에비타 묘지의 위치를 물었지. 마침 근처에 있었기에 어렵지 않게 곧 찾을 수 있었단다. 에비타의 묘지는 다른 무덤과는 달리 소박했어. 굳게 닫힌 철문 가운데 십자가가 있고 문 틈 사이로 사람들이 꽂아 놓은 꽃이 가득했지. 문을 닫는 그 시간에도 여전히 에비타의 무덤 앞에는 많은 사람들이 떠나지 않고 있었단다. 그녀가 세상을 떠난

지 60년이 넘었지만 그녀에 대한 평가는 극단적이야. 노동자와 빈민을 위한 성녀라는 의견과 지나친 복지 정책으로 정부의 재정 위기를 가져왔다는 의견이 충돌하고 있어. 하지만 레골레타 무덤에서 가장 많은 추모객들이 모이는 곳이 에비타의 무덤인 것으로 보아 그녀는 지금도 많은 아르헨티나인들에게 사랑받고 있음에 틀림없단다. 레콜레타 묘지를 나왔지만 쉽게 발걸음이 떨어지지 않아주변에 있는 공원 광장에 더 머물렀지. 잔디밭에서 쉬는 시민과 함께 황금빛으로 벼해 가는 저녁 햇살을 잠시 즐겼어 내가 지금까지본 나무 중에 가장 큰 나무가 있었어. 엄청나게 큰 나무의 처진 가지를 어깨에 메고 나무를 지탱하고 있는 남자 조각상은 관광객에

게 인기 있는 사진 찍기 장소였지. 그리고 탐스럽게 파란색 꽃이 핀 나무도 신기해 가까이 가서 또 보았어. 이 나무는 남미에서 많이 볼 수 있었는데 '하까란다'라고 해. 우리나라에서 봄이 되면 벚꽃이 활짝 피는 것처럼 이 하까란다도 봄에 탐스럽게 활짝 피었다가 꽃이 떨어지고 난 뒤 초록색 잎이 무성해진대. 이때부터 본격적으로 여름이 시작된다고 해.

시계를 보니 오후 6시 30분이 훨씬 넘었어. 근처에 엘 아테네오 서점과 국립미술관이 있다는 걸 알고 있었지만 찾아갈 시간이 없었지. 엘 아테네오 서점은 영국 BBC가 선정한 세상에서 가장 아름다운 서점 2위에 뽑혔어. 1919년 오페라극장으로 개원했다가 2002년부터는 서점으로 변모했지. 부에노스아이레스는 세계에서 서점과 문화센터가 가장 많은 도시라고 해. 엘 아테네오 서점을 꼭 한 번 들르고 싶었지만 서둘러 숙소로 돌아가야 했어. 저녁 8시에 탱고 공연을 보러 가기로 예약을 해 두었기 때문이야.

여행은 항상 모든 걸 허락하지는 않아. 인생도 그런 것 같아. 눈앞에 보이는데도 다른 선택 때문에 놓치는 거지. 어떤 것이 더 소중했는지는 오랜 시간이 지난 후 깨닫게 되겠지. 나중에 기회가 되면 또 오자고 기대하지만 영원히 돌아오지 않는 기회들이 더 많아. 여행은 짧고 아쉬워. 인생도 그렇구나.

택시를 타고 숙소로 가는데 퇴근 시간과 겹쳐 차량 정체가 심했어. 눈앞에 숙소 선물이 보이는데 택시미터기 숫자만 꼴락꼴락 올라갔어. 초조해 하다 옆을 보니 한국문화원이 있었지. 한국의 연을 주제로 전시회를 하고 있었어. 아침에 나올 때는 못 봤는데 등잔 밑이 어둡다고 바로 숙소 앞에 있는 한국문화원에 가 볼 기회를 놓쳤지 뭐야. 퇴근 시간이라 직원들이 속속 나오고 있었어. 차량들 틈에 끼어 꼼짝 못하게 되자 택시 기사가 도로에서 내려 주었어. 탱고 공연에 늦지 않게 도착해서 안도했단다.

나중에 알게 된 사실이지만 부에노스아이레스에 있는 한국문화원은 중남미에 처음 생긴 한국문화원이야. 아르헨티나에 살고 있는 한인들 90% 이상이 부에노스아이레스 시내와 근교에 거주하고 있대. 겨울에도 영하로 떨어지지 않는 날씨와 공기가 맑은 곳이라 우리 교민들이 살기에 적합하대. 부에노스아리레스는 남미의 파리라 불릴 정도로 문화, 예술, 디자인, 건축, 언론, 학술, 교육의 중심지야. 이런 이유 때문에 남미에서는 부에노스아이레스에 첫 번째로 한국문화원을 개원했나 봐.

탱고의 향기에 흠뻑 빠지다

탱고 공연장에서 보내온 버스를 탔지. 세계 각국에서 모여든 다양한 사람들은 흥분되고 설렘 가득한 표정이었어. 공연장은 보카

항 근처 야경이 멋진 '마데로 탱고'였어. 저녁식사가 포함된 공연 관람이라 1인당 100불이야. 계획에 없던 지출이었지만 부에노스 아이레스에 왔으니 당연히 탱고 공연을 봐야 하고 스테이크를 먹는 것도 의미가 있다고 생각했지.

공연장에 도착한 시간은 저녁 9시, 이미 많은 사람들이 와서 입장 준비를 하느라 붐볐어. 공연을 보러 오는 사람들은 드레스나 격식을 갖춘 복장이었어. 하지만 나는 여행자니까 하고 스스로를 변명했단다.

미리 예약해 둔 무대가 가장 잘 보이는 자리에 앉았어. 화려한 조명과 음악이 분위기를 들뜨게 했지. 각 테이블을 담당한 직원이 먼저 물과 와인, 맥주, 샴페인, 콜라 같은 음료를 갖다 주었어. 곧이어 주문을 받으며 고기를 어느 정도 익힐지, 샐러드는 어떤 종류로 할건지 등 귀찮을 정도로 아주 세심하게 물었어. 주문한 스테이크를 썰어 야채샐러드와 함께 먹으니 텁텁한 맛이 덜했어. 와인 한 잔을 곁들이니 몸의 긴장이 풀리는 느낌이었지.

원래 아르헨티나 사람들은 소고기를 즐겨 먹어. 특히 소고기에 소금을 살짝 뿌려 숯불에 구운 전통 요리인 아사도를 즐겨 먹지. 아사도는 겉은 타도 속은 촉촉하게 익히는 게 요리 비결이야. 불의 세기가 중요하고 굽는 사람에 따라 맛이 달라지지. 아사도가 맛있으면 구운 사람에게 박수를 쳐 주는 것이 관습이래. 디저트로 카라멜

무스와 사과파이가 나왔는데 무척 달았어. 본 음식을 먹고 다시 달콤한 음식을 먹는 이들의 문화에 적응하려고 먹긴 먹었지만 내 입맛에 맞지는 않았지. 구수한 누룽지 한 그릇이 그리웠어.

식사가 어느 정도 마무리된 밤 10시 40분에 본격적으로 탱고 공연이 시작되었지. 무대 왼쪽에서는 댄서들이 춤을 추고 오른쪽에선 바이올린, 첼로, 비올라, 피아노를 중심으로 한 연주단이 분위기와 상황에 맞는 음악을 연주했어.

탱고는 성적 호기심을 자극하는 춤이라고 생각했어. 남녀가 서로의 다리를 가볍게 스치거나 상대방의 다리 사이로 날렵하게 집어넣었다 빼고, 허리를 감아 안고 상대방과 빤히 시선을 맞추는 등 말이야. 그런데 그 춤이 항구에서 힘든 육체노동에 시달렸던 이민자, 특히 남성의 애환을 달래 주었다는 걸 알고 나니 탱고의 리듬이 한편으론 쓸쓸하고 슬프게 느껴졌지.

탱고 공연도 바로 그런 스토리를 담고 있었어. 중간에 에비타 이야기도 넣어 노래하고 뮤지컬처럼 춤, 연기, 노래가 어우러질 뿐 아니라 영상 자료까지 담았어. 밤 12시 10분에 공연이 끝나 숙소에 돌아오니 거의 새벽 1시였어. 탱고의 향기에 빠진 시간이었지만 어찌나 피곤한지 체력이 고갈되는 것 같아 잠도 겨우 잤어.

이구아수 국립공원, 악마의 목구멍 속으로

오전 6시에 출발하는 이구아수행 비행기를 타기 위해 4시에 숙소에서 나왔단다. 탱고 공연 관람 후 잠을 3시간 정도밖에 자지 못해 무척 힘들었어.

이구아수행 비행기에서는 창가 자리를 배정받았어. 정신없이 자다가 눈을 뜨니 창밖으로 광활한 자연이 펼쳐지고 있었지. 초록 융단을 깔아 놓은 듯한 밀림의 바람 냄새와 강물 소리, 표범과 새들의 웃음소리가 들리는 듯했어. 그리고 사이사이로 커다란 뱀이 천천히 기어가고 있는 것 같은 강줄기가 보이는 거야. 태고 적부터 간직해 온 변하지 않는 고요함이 자연의 법칙 속에 숨 쉬고 있는 듯 장엄한 광경이었지. 공항이 가까울수록 열대우림이 끝없이 펼쳐지고 있었어. 밀림의 나무들을 밀어내고 공항을 건설했는지 공항 주변에는 다른 건물이나 시설이 보이지 않았단다.

이구아수 공항에 도착한 후 숙소까지 택시로 이동했어. 운전기사는 마테차를 마시고 있었는데, 마테차를 마시면 기분이 좋대. 운전을 하면서 흥에 겨운 목소리로 뭔가를 설명하려는 모습에서 낙천적인 그의 성격이 느껴졌어. 체크인을 하기엔 이른 오전 9시에 도착했기에 숙소에 짐을 맡긴 뒤 투어 버스를 타고 이구아수 국립공원으로 향했어.

가는 동안 바깥 풍경은 열대 나무 가로수와 빨간색 꽃이 핀 나무들이 눈길을 끌더구나. 거리에는 해먹을 걸어 놓고 파는 모습도 보였어. 확실히 습도도 높고 무더운 지역이라 해먹은 요긴하게 쓰일 것 같아.

아르헨티나 국립공원 쪽 푸에르토 이구아수에 도착했어. 이구아수 폭포는 브라질과 아르헨티나 국경에 걸친 이구아수강에 있는 폭포야. 이구아수 폭포의 상류 지역은 브라질 고원의 일부인 파라나 고원의 현무암 용암 지대란다. 이 거대한 용암 지대에 단층 운동이 일어나면서 주변과 높이 차이가 심하게 나는 지형을 만들어 엄청나게 많은 물줄기가 이어지면서 폭포가 만들어진 거래. 모두 275개의 폭포가 흩어져 있는데 이 모든 폭포를 묶어서 이구아수 폭포라고 해. 폭포 중 271개는 아르헨티나 쪽에 있고 나머지 4개는 브라질 쪽에 있어. 이구아수 폭포는 수량이나 넓이 면에서 세계에서 가장 큰 폭포라고 할 수 있지.

푸에르토 이구아수 폭포 관광의 핵심은 폭포 상부를 돌아보는 높은 산책로와 하부를 돌아보는 낮은 산책로, 강 가운데 있는 산마르틴 섬 돌아보기, 투어 보트를 타고 이구아수 폭포 속으로 들어가 하이라이트라고 할 수 있는 악마의 목구멍으로 들어가는 거야.

먼저 아르헨티나 화폐로 1인당 700페소를 내고 입장권을 끊었어. 푸에르토 이구아수 폭포 투어 보트를 타는 데는 따로 2,000페소(한화 돈 5만원)를 냈어. 보트를 타러 가는 동안 노란색 정글 투어 차에 올라탔지. 국립공원 직원이 탑승해 영어와 스페인어로 이구아수의 식생과 가치, 역사와 특징에 대해 설명하는 듯했지만 자세히 알아들을 수는 없었어. 직원이 탑승한 사람들의 국적을 물으니 독일, 아르메니아, 이탈리아, 미국 등 다양한 나라에서 왔다고 여기저기서 대답했지. 나 역시 맨 앞자리에 앉아 있었기에 코리아에서 왔노라고 했어. 여행지에서 만나는 동양인은 거의 중국인이나 일본인들이기에 "니하오?" 또는 "곤니찌와?" 하며 인사를 건네는 현지인들에게 아니라고 한국에서 왔다고 하면 또 남쪽이냐 북쪽이냐 되묻곤 해. 사우스 코리아라고 말할 때마다 우리가 분단국이라는 것을 다시 실감하게 되어 안타깝지.

차량을 타고 가다 내려서 숲속으로 들어가는 길을 걷기도 했어. 후덥지근한 기후는 동남아 지역에 온 듯했지. 선착장에서 보트를 탈 때는 구명조끼를 입고 나누어 준 커다란 비닐 백 안에 소지품과 가방을 넣었어. 물에 젖으면 안 되기 때문이야. 보트는 정글 같은 숲과 강줄기를 따라 점점 안으로 들어갔어. 폭포 가까이에 보트를 멈추고 사진을 찍을 수 있도록 배려해 주더구나.

아르헨티나 쪽에 있는 폭포 275개 중 최고는 높이 84미터에서 떨어지는 '악마의 목구멍'이라 불리는 폭포야. 보트를 타고 악마의 목구멍 가까이 가서 폭포의 쏟아지는 물과 굉음을 들으니 아찔했이. 그러다가 물줄기 속으로 들어가 물벼락을 맞으니 숨이 멎을 듯 아찔했고 온몸이 박살나는 것 같았지. 물줄기가 주는 공포가 지나 갔을 때 쾌감 같은 것도 따라왔어. 폭포 속을 두어 차례 들락날락하 는 동안 환호와 비명이 터져 나왔지만 그 소리들은 폭포의 엄청난 굉음에 묻혀 버렸단다.

보트 체험을 끝내고 폭포의 상단을 볼 수 있는 산책로로 이동했 어. 가는 도중에 강에서 많은 물고기를 봤는데 열 살 정도의 아이 키만 한 물고기도 있었어. 아마존강의 대표 어종은 이빨이 강하고 무섭게 생긴 피라냐야. 몸에 상처가 있으면 피 냄새를 맡은 피라냐 에게 공격당할 수도 있어. 피라냐는 아니었지만 엄청나게 큰 시커 먼 물고기를 가까이서 보니 놀라웠어.

안전을 위한 철제 난간이 설치되어 있는 곳에서 폭포 전체를 바

라볼 수 있단다. 2단 또는 3단, 비단실처럼 흘러내리는 폭포 등 다양한 형태의 폭포가 초록색 숲속에 하얀 병풍처럼 우뚝우뚝 서 있어. 사방에서 모여드는 엄청나게 많은 강물이 폭포수가 되어 까마득한 절벽 아래로 웅장한 소리를 내며 쏟아지는 모습은 장관이지. 사진으로도 그 광경을 다 담을 수가 없어. 장엄하고 신비로운 광경에 그저 넋을 잃을 수밖에. 폭포에서 날아오는 물보라에 또 옷이 흠뻑 젖었지만 걷다 보면 무더운 날씨 때문인지 옷이 저절로 말라서 뽀송뽀송해져.

✳ '이구아수'는 스페인 정복자들이 들어오기 전 이곳에 살던 원주민인 과라니족의 언어로 '큰 물'이라는 뜻이다. 1986년 영국의 영화감독 롤랑 조페는 영화 〈미션〉을 통해 1750년 이곳에서 일어났던 과라니족의 비극을 다루어 깊은 인상을 남겼다.

15세기 말부터 스페인과 포르투갈은 식민지 쟁탈전을 벌였다. 1750년 1월 13일 스페인과 포르투갈 사이에 국경 조약이 체결되면서 스페인 통치 지역이던 우루과이강 동쪽의 이구아수 지역이 포르투갈로 넘어갔다. 당시 포르투갈은 아프리카에서 흑인 노예들을 데려와 농장이나 광산에서 노동력을 착취하고 있었다. 스페인 왕실은 포르투갈과의 조약을 실천하기 위해 원주민들에게 거주지를 떠나라고 압력을 넣었고, 이구아수 폭포 주변에 살던 약 30만 명의 과라니족은 다른 곳으로 쫓겨나거나 노예도 팔려갈 상황에 처했다. 1754년과 1756년 예수회 신부들은 이런 처지에 놓인 원주민을 도와 스페인과 포르투갈에 저항하며 맞서 싸웠지만 결국 원주민 공동체는 무너지고 과라니족 대부분은 학살당했다.

이구아수 폭포의 떨어지는 물보라 속에 생긴 무지개가 폭포와 폭포를 연결하는 다리처럼 보였어. 눈을 감으니 260년 전 이곳에서 평화롭게 살아가는 원주민들과 학살 장면이 겹쳐 보여 가슴이 아팠단다.

브라질

브라질 국기와 나라 이름의 유래

브라질 일정이 시작되면서 다른 언어 세계로 진입했어. 브라질은 포르투갈어를 쓰기 때문이야. 투어 버스를 타고 아르헨티나와 브라질의 국경 역할을 하는 다리를 건넜지. 1985년 준공된 다리의 길이는 489미터로 남쪽은 아르헨티나, 북쪽은 브라질 영토야. 아르헨티나 쪽 시멘트 구조물에는 아르헨티나 국기 모양으로 하늘색, 흰색, 하늘색을 칠했고, 브라질 쪽 구조물에는 브라질 국기 색인 노란색과 초록색을 교대로 칠해 국경을 구분할 수 있었어.

브라질 국기의 바탕색인 녹색은 브라질 황제였던 페드로 1세 가문의 문장 색상인데 아마존의 밀림과도 닮았지. 중앙의 마름모꼴 노란색은 페드로 1세의 아내이자 오스트리아 황후였던 마리아 레오폴디나의 색상이래. 가운데 원 모양의 상징은 '천구'라고 불리는데 1889년 11월 15일 공화국이 세워지던 날의 별자리를 묘사한 거래. 27개의 별은 26개 주와 수도인 브라질리아를 가리켜.

브라질 하면 아마존을 떠올리는 사람이 많겠지만 남미 대륙의 40%를 차지하는 아마존은 수리남, 가이아나, 베네수엘라, 콜롬비아, 에콰도르, 볼리비아, 페루, 브라질 등 8개국이 공유하고 있어. 아마존은 브라질만이 점유하는 땅이 아니란다.

브라질은 남미 면적의 49%, 인구는 51%를 차지하는 '남미의 거인'이라 불려. 러시아, 캐나다, 미국, 중국에 이어 세계에서 다섯 번째로 넓은 국토를 가지고 있지. 인구는 2억 700만 명이야. 지하자원이 풍부하고 자연환경도 아름다워. 남미 10개국 중 에콰도르와 칠레를 제외한 8개국과 국경을 맞대고 있어. 언어는 남미에서는 유일하게 포르투갈어를 써.

브라질은 독립 과정은 중남미의 다른 나라와는 달라. 16세기 중반 포르투갈은 브라질을 15개의 카피타니아라는 행정 단위로 나누어 지배했지. 1800년대 초반 프랑스의 나폴레옹이 이베리아반도를 침입해 스페인을 점령하자 포르투갈 왕실은 영국의 도움 아래 브라질로 피신했어. 15,000명의 유력 인사들과 함께 대서양을 건너온 주앙 6세는 1815년 리우데자네이루를 포르투갈-브라질 연합 왕국의 공식 수도로 선포하고 브라질 사람들에게도 포르투갈인과 똑같은 법적 평등권을 부여했지. 이후 나폴레옹의 위협이 사라지자 주앙 6세는 페드루 왕자를 브라질에 남기고 다시 포르투갈로 돌아갔어. 1822년 브라질의 페드루 1세는 포르투갈로부터 독립을 선포했고, 이후 15개 카피타니아는 주(州)로 행정구역이 개편되었단다. 브라질이라는 국가 이름도 이곳에서 자라는 '파우브라질'이라는 나무 이름에서 비롯되었어. 대항해 시대가 시작된 16세기에 서유럽에서는 섬유 산업이 발전하면서 염색 원료가 많이 필요했는데, 가장 인기 있었던 염료는 빨간색이었지. 백여 년 동안 베네치아

상인은 그리스에서 자라는 벅갈나무와 패랭이나무에서 기생하는 벌레로부터 채취한 붉은색 염료를 서유럽에 내다 팔아 많은 돈을 벌었어. 그런데 1501년 포르투갈 왕실에서 파견한 원정대가 파우브라질에서도 빨간색 염료를 채취할 수 있다는 것을 알아냈지. 이 빨간색 나무는 포르투갈어로 '불붙은 숯과 같은 나무'라는 뜻이야. 브라질이라는 국가 이름은 이 파우브라질을 채취하던 사람들을 일컫는 '브라질레이루'와 파우브라질이라는 나무 이름에서 비롯되었단다. 브라질 환전소에는 커피 생산량 세계 1위의 명성답게 누구나 마실 수 있도록 설탕이 든 커피를 준비해 놓았더구나. 어렸을 때 외갓집 다락방에서 미국 이모가 보내 준 미제 커피에 설탕을 듬뿍 넣어 홀짝홀짝 마셨던 바로 그 맛이었어. 달콤한 맛은 긴장된 마음을 이완시키고 기분도 좋아지게 하는 힘이 있어.

환전소 대기실 의자는 옛 수레바퀴를 떼어 의자 다리로 사용했더구나. 오래된 나무 재료를 재활용하는 면에서 의미 있고 실용성과 예술성에서도 손색이 없었어.

아마존의 생태가 담긴 브라질 화폐

미화 200달러를 브라질 돈으로 환전했어. 브라질 화폐 100리알은 우리나라 돈 30,000원이야. 그동안 여러 나라에서 환전을 했지만 첫 여행지인 페루를 빼곤 정작 화폐의 주인공이 누구인지 자세히 들여다볼 여유가 없었어. 늘 긴장하면서 다녔고 생존하는 데 필요한 돈을 지출하기에 바빠 돈 자체의 디자인이나 모양, 화폐 속 주인공이 누구인지 제대로 들여다보지 못했다는 걸 뒤늦게 깨달았지. 사진이라도 좀 찍어 둘 걸 그랬다는 생각이 들었지만 이미 지나간 일이 되어 버렸네.

세계 여러 나라의 화폐에는 그 나라의 문화와 역사, 풍습이 모여 있어. 환전한 브라질 화폐를 자세히 들여다보니 앞면에는 인물이 있고 뒷면에는 아마존 밀림의 상징인 큰부리새와 퓨마, 원숭이, 물고기 등의 동식물이 뒷면에 그려져 있었어. 지구 산림의 40%를 차지하는 아마존 밀림의 절반은 브라질 영토야. 또, 아마존 밀림은 남미 대륙의 절반을 차지하지. 브라질 사람들이 아마존을 아끼고 자랑스러워한다는 것을 화폐를 보며 느낄 수 있었단다.

쏟아지는 물줄기의 향연, 포즈 두 이구아수

브라질 쪽 이구아수 국립공원에 도착했을때는 한낮이라 무덥고 햇살도 뜨거웠지. 습하면서 기온이 높으니 후덥지근해. 국립공원 입장료로 1인당 57레알을 냈어. 우리 돈 16,000원 정도야. 정문에서 폭포 쪽으로 가는 셔틀버스를 탔어. 2층 버스 맨 앞자리에 앉으니 시야가 탁 트였어. 이구아수강을 따라 길게 이어지는 숲속 도로를 이삼십 분 정도 지나갔지. 초록 숲이 싱그럽지만 단조롭게 느껴질 무렵 간이 정거장이 나타났어. 사람들은 자신이 내리고 싶은 곳에서 내려 걷거나 또 버스에 올라탔지. 그러나 대부분 전망대가 있는 종점에서 내렸어.

전망대로 이동하는 동안 아래쪽 전망대에 내려가 아르헨티나 쪽 폭포를 먼저 보았어. 어제 보트를 타고 들어가 물벼락을 맞았던 악마의 구멍도 보고, 갖가지 크기와 형태의 폭포들이 쏟아내는 물줄기를 보니 자연의 위대함에 감탄이 터져 나왔어.

숲길로 난 산책로를 따라 걸으면 병풍처럼 펼쳐지는 폭포가 계속 보였지. 가끔씩 이구아나나 코아티라는 긴 코를 가진 너구리가 툭 튀어나와 놀랐어. 코아티는 무리 지어 다니다가 사람들이 먹는 음식을 빼앗아 가기도 하고 사람을 물기도 해서 코아티를 조심하라는 경고판이 곳곳에 있어. 조심해야겠다고 생각은 하지만 막상 그 녀석들을 만나면 귀여워서 만지고 싶어져. 그 녀석들은 영악하고 집요해서 먹잇감을 보면 끈질기게 접근해. 사람들이 주는 먹이에 익숙해져서 야생성이 감소된 것인지 나름대로 편리함을 알았는지 모르겠어.

관람객들과 함께 길게 이어지는 숲길을 따라 폭포 쪽으로 걸어갔지. 동남아 지역 날씨처럼 습도가 높아 후끈했어. 조금만 걸어도 땀이 쭉쭉 흐를 정도야. 전망대는 남녀노소 할 것 없이 수많은 관광객이 붐비는 곳이라 다양한 인종 전시장 같았지. 파란 옷을 입은 검은 피부의 수녀님들이 즐거워하며 셀카봉을 들고 사진을 찍는 모습도 인상적이었어.

브라질 국립공원 쪽에서는 넓게 펼쳐진 이구아수 폭포 전체를 바라보기 좋고, 아르헨티나 쪽에서는 악마의 목구멍이라 불리는 부분을 바로 위에서 내려다보기 좋아. 원래 이구아수 폭포는 파라과이 소유였는데, 파라과이가 1864년에 일어난 3국 동맹 전쟁에서 패해 아르헨티나와 브라질에게 소유권을 넘겨주게 되었지. 현재 파라과이 방면에서는 이구아수 폭포 쪽으로 접근이 불가능하단다.

갑자기 하늘이 어두워지며 비가 쏟아지기 시작했어. 준비한 비옷을 입었지만 빗줄기도 굵어지고 바람까지 불면서 좀 전의 무더위

와는 어울리지 않게 추워졌지. 마침 비를 피할 만한 공간이 있어서 잠시 멈추었다가 걸으니 빗줄기가 가늘어졌어.

비가 그치자 폭포의 물줄기는 더 세차게 쏟아졌단다. 파란 하늘과 물보라 사이에 무지개가 걸쳐 있는 모습이 너무나 아름다웠어. 무지개는 모두의 희망인 듯 바라보는 것만으로도 설렌단다. 자연이 만든 최고의 경치에 탄성을 지르며 감탄했어.

위쪽 전망대로 오르는 엘리베이터를 타려고 했지만 한 시간은 줄을 서야 할 것 같아서 포기하고 450미터 정도 길이의 계단으로 올라갔어. 아름다운 주변 풍경과 더 깊은 숲속을 체험할 수 있었지. 이구아수 폭포의 전체 전망은 브라질 쪽이 훨씬 더 입체적이고 장엄했어. 전망대에서 아래를 내려다보면 까마득한데 물줄기가 만드는 포말은 하얀 솜을 깔아 놓은 것 같았고 물안개가 피어오르는 모습은 자연이 그린 거대한 산수화였어.

전망대를 나와 더 위로 올라가니 숲에 둘러싸인 상가와 식당들이 보였어. 그 앞으로 이구아수 폭포로 흘러가는 강줄기가 넓게 펼쳐지고 있었지. 긴 의자에 앉아 잠시 쉬니 흐르는 물소리와 새소리가 함께 어울려 마음도 고요해지는 것 같았지.

옆을 보니 동상이 하나 있는데 규모는 크지 않았지만 여러 사람들이 동상에 기대거나 손을 잡고 사진을 찍고 있었단다. 동상의 주인공은 이구아수 폭포를 처음 발견한 백인 조종사인 '프레데리코

엥겔 리오스'였어. 이구아수 폭포는 누군가의 발견이 있기 전에도 그 자리에 있었지만 굳이 그의 동상을 세워 기념하는 것은 이구아수 폭포가 관광 자원이 되는 데 기여했기 때문일 거야.

기념품 상점에서 이구아수를 기억할 수 있는 종을 두 개 샀어. 하나는 흰 구름을 닮은 도자기 종이고 또 하나는 동으로 만든 종이야. 여행을 하면서 여행지를 추억하기 위해 작은 종을 사서 모으고 있어. 운반도 쉽고, 가격도 부담스럽지 않고, 가끔 흔들어 종소리를 듣는 즐거움도 느낄 수 있단다.

폭포 위에 있는 식당가 야외 테이블에 앉아 점심을 먹으며 거대한 폭포의 전경과 우람한 소리를 가슴에 머리에 담고 또 담았지.

이구아수 새 공원 (파르케 데 아베스)

이구아수 폭포를 나오면서 도로 건너편에 있는 새 공원을 가다가 비행장에서 경비행기가 뜨는 모습을 봤어. 아마 이구아수 폭포를 둘러보는 관광용 비행기였을 거야. 새 공원에서는 살아 있는 새들을 구역별로 나누어 보존하고 있었어. 자연 친화적인 공간이라 마치 남미의 열대 정글 숲에 들어와 있는 것 같았지. 온갖 모양과 색깔을 가진 새와 식물들을 보며 자연의 경이로움과 아름다움에 흠뻑 취할 수 있었던 시간이었단다.

포스 두 이구아수의 새 공원은 조류 애호가는 물론이고 브라질과 남미 대륙의 동식물에 관심이 있는 사람이라면 꼭 들러야 할 곳이야. 천연 삼림 지대와 열대의 숲이 광대하게 펼쳐진 곳에 각종 나비와 파충류, 곤충과 원숭이를 비롯해 800종이 넘는 각양각색의 새들이 살고 있기 때문이야.

새 공원에 들어가 길게 이어지는 숲속 오솔길을 따라 걷다 보면 조류관과 온실이 나와. 새들이 머리 위로 자유롭게 날아다니거나 나무 위에 자리를 잡고 있는 모습도 볼 수 있어. 연못을 헤엄치는 물고기와 인공 연못에서 노니는 파충류도 많이 볼 수 있지. 물속에서 길게 몸을 풀고 있는 뱀이나 갑자기 숲에서 나오는 도마뱀을 보면 소스라치게 놀랄 때도 있지만 커다란 돌덩이인 양 꼼짝 않고 있는 거북이를 보면 미소가 지어져.

이구아수 국립공원 대부분을 뒤덮은 대서양 삼림을 재현한 숲속 묘목장에서는 먹이를 찾는 봉관조가 있고 파타날 사육장에는 플라밍고나 큰부리새와 같은 물새도 볼 수 있어.

조류관에는 브라질을 대표하는 두 종류의 새, 브라질 국기처럼 노랑과 녹색이 잘 어울리는 아라라주바와 마코 앵무새 전문관이 따로 있어. 세상에서 가장 위험한 새 중 하나로 꼽히는 날지 못하는 새 화식조도 볼 수 있어. 화식조는 목이 길고 파란색인데 붉은 살덩이가 달려 있어서 마치 불을 먹은 것 같다고 화식조라 불러. 타조

다음으로 무거운 새인데 세 개의 발톱 중 가운데 발톱은 칼처럼 단단하고 날카로워. 긴 것은 12센티미터에 이르는데 한 번 걷어차면 적을 죽이거나 배를 가를 수 있대. 요 녀석을 찍으려고 핸드폰 카메라를 가까이 댔지만 어찌나 빠르게 달아나는지 몇 번의 시도 끝에야 겨우 찍을 수 있을 있었지. 나비 왕국으로 들어서면 셀 수 없이 다양한 종류의 나비와 벌새들이 있어서 형형색색의 만화경처럼 아름다운 색채를 경험할 수 있었단다.

오솔길 끝에서는 잘 길들인 마코 앵무새를 가까이 볼 수 있는데 팔위에 얹고 사진을 찍을 기회도 줘. 공원 관광을 마무리하는 곳에 플라멩코 연못을 볼 수 있는 카페도 있고 기념품 판매점도 있어. 새들을 위한 공원이지만 그곳에 있는 동안만큼은 아늑한 자연의 품에서 쉴 수 있었던 시간이었단다.

브라질의 보물창고, 리우데자네이루

리우데자네이루 공항에 도착해 직원으로부터 컴퓨터에 등록된 택시 승강장을 안내받았지. 택시 정류장에서도 배치된 전담 인력이 승객의 형편에 맞게 택시를 배정하고 태웠는데 혼잡하지 않고 체계적이라는 느낌이 들었어.

리우데자네이루는 시드니, 나폴리와 함께 세계 3대 미항으로 꼽히는 항구 도시야. 1502년 1월 1일 포르투갈인 항해사에 의해 발견되었을 때 항해사가 만의 입구를 강으로 착각해서 붙인 이름이래. 포르투갈어로 리우는 '강', 자네이루는 '1월'이라는 뜻이야.

리우데자네이루는 1822년에서 1960년까지 브라질의 수도였고 경제 중심지야. 주요 상업 지구는 해안을 따라 길게 뻗어 있는 거리를 중심으로 형성되었어. 남쪽은 부유층 주거지로 성장하고 있는 반면에 경사진 산비탈이나 구릉지에는 빈민들이 모여 살아.

숙소가 있는 코파카바나 해변 쪽으로 가는 동안 차량 정체도 심해 거의 한 시간 정도 걸렸어. 아침부터 무더위가 시작되는 것 같아 기사에게 물어보니 어제 기온은 40도, 오늘은 39도까지 올라갈 거라고 했어. 남미 여행은 매일 변하는 기후에 적응하는 것도 벅차. 밤낮의 일교차에 적응해야 하는 건 물론이고 어제는 설산에서 겨울을 경험하고 오늘은 뜨거운 여름을 경험하게 되는 날도 있으니 말이야. 뜨겁게 달궈진 도로 위에서 음료와 간식거리를 파는 사람을 흔하게 볼 수 있었어. 대부분 흑인이었고 원주민의 후예로 보이는 사람도 있었지. 햇볕에 그을린 피부에 바싹 마른 몸으로 정체된 차량 사이를 오가며 물건을 파는 모습에서는 삶의 고단함이 엿보여 안쓰러웠어. 매연과 소음 속에서 몸이 망가지는 것은 뻔해. 그들의 빨갛게 충혈된 눈과 지친 표정을 보면 마음이 무거워. 어두운 그늘이 쉽게 걷힐 것 같지 않아서야.

브라질의 빈부격차는 매우 심해. 전체 인구의 5% 정도가 브라질 경제의 90%를 장악하고 있어. 포르투갈의 침입 이후 약 500년 동안 흑인과 원주민의 혼혈이 생기고 피부색을 뜻하는 표현도 수십 가지로 다양하지만 상류층은 오로지 백인들이지. 브라질에선 피부색이 옅을수록 살기 편하다고 보면 돼. 공식적으로 다섯 인종 집단으로 분류하는데 브랑우(백인), 프레투(흑인), 아마렐루(황인), 원주민, 파르두(갈색 피부)야. '파벨라'라 부르는 빈민촌에는 검은 피부를 가진 사람들이 많아. 그들은 자신들의 빈곤이 잘못된 사회 제도 때문이라고 생각하고 있어. 그곳의 청소년들은 아무런 죄의식 없이 가진 자들의 물건을 빼앗고 마약에 손을 대. 그들의 절망과 박탈감은 브라질의 발전에 결코 도움이 되지 않을 거야.

특히 리우데자네이루에서 특권층이나 부자는 코파카바나, 이파네마, 레블롱 같은 유명한 해변 평지에 살아. 그런데 그 동네 사이

사이로 우뚝 솟은 가파른 언덕 파벨라에는 지난 백여 넌 동안 가난한 사람들이 정착해 살고 있는데 전기, 쓰레기 수거, 매립 하수관, 경찰의 보호도 없었대. 이곳에서는 허가도 받지 않은 건축물이 지어지고 비만 오면 무너지는데, 갱들이 지배하는 곳이라 다시 지으려면 갱단에게 돈을 내야 한대. 폭력 사건이 끊임없이 벌어지고 총소리도 자주 들리는 무척 위험한 곳이라 여행자는 갈 수 없어.

파벨라에서 일어나는 폭력은 부자나 가난한 사람에게나 똑같은 위협이지. 부자는 사설 경비업체를 고용하고, 갱단은 자기들끼리 싸우고, 부패한 경찰은 근무 중일 때는 갱단과 싸우지만 쉬는 날엔 범죄 조직에서 말단 구성원으로 활동하기도 한대.

한편, 파벨라에서는 리우데자네이루의 문화가 만들어지기도 해. 삼바도 파벨라의 '삼바학교'에서 만들어지고, 새롭게 평가받는 펑크 음악도 이곳에서 생겼어, 많은 축구 스타와 브라질에서 제일 유명한 모델도 이곳 출신이거든. 세계에서 가장 불평등이 심한 브라질에 대해 인류학자 릴리아 모리즈 슈와르츠는 이렇게 표현했단다.

"문화적으로는 포용하고 사회적으로는 배제하는 사회다."

새벽 비행기를 타고 리우까지 오면서 비행기에서 먹은 쿠키와 물 한 잔이 아침식사의 전부라 배가 고팠어. 마침 근처에 닭 바비큐와 빵, 과일 샐러드를 파는 곳이 있더구나. 언뜻 보기에 음식만 팔고 테이블이 없는 것 같아 그냥 나오려는데 눈치 빠른 여직원이 도로와 인접한 테이블로 안내해 주더구나.

달콤한 빵이나 케이크로는 도저히 식사가 안 될 것 같아서 가격도 물어보지 않고 손짓으로 전기 오븐 속에서 뱅글뱅글 돌며 익어 가는 통닭 한 마리를 달라고 했지. 먹기 좋게 잘라 달라고 손가락으로 가위 모양을 만들어 자르는 시늉을 했어. 뜨거운 불길 옆에서 통닭을 파는 털보 아저씨는 빠른 손동작으로 닭을 잘라 그릇에 담더니 노르스름하게 잘 익은 감자도 세 개나 주었어.

테이블에 앉아 오가는 사람들을 흘끔흘끔 바라보며 바비큐 맛에 푹 빠졌어. 껍질은 바삭하고 기름이 쫙 빠진 촉촉한 속살은 담백했어. 퍽퍽한 가슴살을 먹을 땐 토마토케첩을 뿌리니 먹을 만하더구나. 열대 과일을 섞어 만든 샐러드도 곁들여 먹으니 느끼한 맛도 덜했어.

포르투갈어를 쓰는 브라질인지라 짧은 영어도 스페인어도 통하지 않아 난감했어. 그래도 눈치 빠른 종업원이 필요할 때마다 도움을 주었단다. 음료수병을 들고 어쩔 줄 몰라 하고 있으면 오프너를 주었고 덜어 먹으라고 일회용 컵도 건네주었어.

남미 여행을 앞두고 걱정을 많이 했어. 그러나 여행을 다니며 느낀 것은 어디나 사람 사는 곳이라는 거야. 말이 통하지 않아도 눈빛으로 손짓으로 표정으로 다 통했어. 물건을 사면서 현지 화폐 단위에 적응이 안 돼 계산이 잘 안 될 때도 들고 있던 돈을 내밀면 알아서 돈을 가져가고 거스름돈을 돌려주었어. 그런 작은 경험도 여행의 슬거움이었단다.

코르코바도 언덕의 예수상

오래 전부터 현지 사람들이 생각한 리우데자네이루의 중심은 코르코바도 언덕이래. 택시 기사에게 지도를 펼쳐 놓고 예수상이 있는 곳을 가자고 하니 문제없이 오케이였어. 한참을 달려가 택시에서 내렸지만 어디로 가야 할지 방향을 몰라 난감했는데 호객 행위를 하는 사람을 만났어. 이야기를 들어 보니 코르도바 언덕까지 올라가는 산악 열차인 트램은 운행 시간이 있으므로 기다려야 하고, 자기네는 투어 차량인데 위에까지 데려다 주고 또 내려올 때도 데리고 온다는 뭐 그런 내용이었어. 트램도 요금을 지불해야 하고, 기다리는 시간을 고려하면 투어 차량을 이용하는 것도 나쁘지 않겠다는 생각이 들었지.

1인당 브라질 화폐로 35레알이라고 해서 미화 50달러를 내고 거스름돈을 받았어. 투어 차량에는 다른 외국인들도 함께 탔어. 사람 심리가 묘해서 처음에는 무언가에 홀린 듯 속은 기분이라 찜찜했는데 다른 외국인도 동행하니 그런 기분이 사라지더라.

가파른 오르막길을 구불구불 돌아 삼십 분 정도 올라갔어. 길 양쪽으로 마을이 보이고 올라갈수록 숲이 우거져 싱그러웠어. 산동네라 현지 주민들이 사는 모습도 간혹 엿볼 수 있었지. 벽화와 그래피티로 꽉 채워진 골목도 있었고 열린 대문 틈으로 빨래가 걸린 모습도 보였어. 올라갈수록 허름한 집들이 골목 속에 자리하고 있었어. 도대체 이 꼭대기까지 어떻게 올라와 사는 걸까. 버스나 기차를 타려면 비용도 많이 들겠지. 그렇다면 걸어 다녀야 하는 사람도 많다는 의미인데 얼마나 힘들까.

투어버스를 타고 올라가는 동안 안내인이 안개가 짙어 예수상을 못 볼 수도 있다고 설명해 주었어. 그도 그럴 것이 시내에서 택시를 타고 올 때만 해도 더워서 현기증이 나 입고 있던 옷을 벗어야 했는데 코르도바 언덕이 가까워지면서 기온이 뚝 떨어지고 바람과 함께 비도 내리기 시작했거든.

코르코바도의 전망대 입구에 도착하자 다시 입장권을 끊었어. 1인당 43레알을 냈어. 많은 인원이 한꺼번에 몰리는 것을 막기 위해서인지 티켓을 보니 입장 시간이 정해져 있었어. 20분 정도 남은 시간을 이용해 기념품점도 돌아보고 지인에게 선물할 예수상도 하나 샀지. 기념품은 주로 예수상과 코르코바도 전망대를 주제로 한 조형물이 많았어. 옷과 모자, 민속춤을 추는 흙으로 만든 인형도 보았어. 인형에 자꾸 눈길이 갔지만 가격도 부담스럽고 온전하게 한국까지 가져갈 수 있을지 의문이라 사지 않았단다.

정해진 시간에 엘리베이터를 타고 전망대에 올라갔지. 다행인 건

정상에 올라가자 안개가 걷혀 예수상은 물론 한 폭의 그림 같은 멋진 전망까지 볼 수 있었다는 거야.

　해발 704미터 코르코바도산 절벽 꼭대기에 설치된 세계 최대 규모의 예수상은 높이 39.6미터에 너비 28미터, 무게는 1,145톤이래. 1931년 브라질 독립 100주년을 기념하여 세워진 예수상은 로마 가톨릭교회의 상징인 동시에, 리우데자네이루와 브라질의 대표 문화유산이야. 도시 전체를 내려다보며 감싸 안을 듯 팔을 벌리고 있는 예수상을 바라보며 모든 이의 안녕과 평화를 빌었단다.

　1850년대 중반 코르코바도산 정상에 조각상을 세우자는 의견을 처음 낸 사람은 가톨릭 신부 페드루 마르티아 부스야. 그는 브라질 황제 페드루 2세의 딸인 이자베우 공주에게 거대한 종교적 기념 상을 세우자고 건의했지만 공주가 그다지 관심을 보이지 않았고, 1889년 혁명이 일어나 군주제가 폐지되고 공화정으로 바뀌면서 조각상 계획도 없던 일이 되었지.

이후 1921년 리우데자네이루 대교구에서 거대한 랜드마크 성격의 조각상을 산꼭대기에 세우자는 제안을 하면서 브라질 가톨릭 신자들의 모금으로 비용을 마련했어. 브라질인 엔지니어 에이토르 다 시우바 코스타가 조각상을 디자인했고, 폴란드계 프랑스 조각가 폴 란도프스키가 제작을 맡아 5년에 걸친 대공사 끝에 1931년 10월 12일 완공되었지. 2008년 2월 10일 일요일엔 강한 벼락이 그리스도상에 떨어졌지만 부근의 나무들만 넘어지고 조각상은 피해를 입지 않았대.

코르코바도 언덕에서 보면 리우데자네이루 시내가 대서양의 아름다운 해변 과 하얀 포말을 내뿜는 파도와 어우러진 멋지고 아름다운 풍경이 펼쳐져. 십자가를 중심으로 작은 광장이 만들어져 있는데, 사람들은 예수상을 배경으로 사진을 찍거나 지형을 이용해 만든 전망 시설을 통해 동서남북으로 손에 잡힐 듯 펼쳐지는 황홀한 전경에 풍덩 빠지지. 예수상을 카메라에 담기 위해 아예 광장 바닥에 드러누운 사람도 많았어. 어떤 뚱뚱한 여자는 누웠다가 혼자 일어나지 못하고 버둥거려 네다섯 명이 손과 발을 잡고 일으켜 주는 모습을 보고 웃음도 나왔지만 흉을 볼 수는 없었어. 그런 모습조차도 코르도바 언덕의 한 풍경이었기 때문이야.

'설탕으로 만든 빵'이라는 이름을 가진 '팡지 아수카르' 봉우리, 코타카바나 해변, 길이가 14킬로미터나 된다는 긴 다리와 곡선을 이룬 해안에 점점이 떠 있는 배들도 장관이었어. 해안 안쪽 골짜기를 파고든 각양각색의 건축물과 고층 빌딩도 아름다웠지. 조각처럼 멋진 산과 푸른 바다가 어우러져 빚어놓은 아름다운 자연은 쏟아지는 햇살에 더 눈부셨어. 평생 잊을 수 없는 풍경이란다.

트램을 타 보지 못한 건 아쉬웠지만 투어 차량을 이용해서 짧은 시간 안전하게 잘 다녀올 수 있었던 것에 위안을 삼기로 했어. 현지인의 선한 웃음에 화답하며 엄지손가락을 치켜세우며 감사의 마음을 전했지. 올라가느라 제대로 보지 못한 코르도바 언덕 아래 공원과 트램이 지나는 철로 옆 담장에 그려진 벽화도 자세히 봤어. 예수상과 사람들의 희망을 담은 그림이 많았지. 브라질에서는 어디서나 벽화를 흔하게 볼 수 있었어. 세탁소 담장에는 세탁기와 온갖 빨래가 줄에 걸린 그림도 그려져 있어서 재미있게 보았지. 글을 몰라도 그림만 보면 누구나 세탁소인줄 알겠다는 생각이 들었어. 화려한 원색을 주로 쓴 벽화도 많았는데 튄다는 느낌보다는 주변 환경과 잘 어울린다고 생각했어. 벽화로 인해 칙칙하고 어두운 분위기가 활기차 보였기 때문이야.

삼바에 빠진 택시 기사

택시 정류장에는 여러 대의 택시가 손님을 기다리고 있었어. 제일 앞줄에 서 있는 택시 기사에게 지도를 펼쳐 보이며 국립역사박물관까지 데려다 달라고 부탁했지. 포르투갈어를 몰라 구체적으로 설명하지 못해도 지도나 사진을 보여 주면 대부분의 기사는 어디를 가고 싶어 하는지 다 알아. 게다가 스마트폰 네비게이션을 사용하니까 찾아가는 데 어렵지 않았어.

택시를 타고 가는 동안 본 시가지 풍경은 고층 건물과 오래된 유럽식 건물이 조화되어 깔끔했어. 열대 나무 가로수와 잘 정돈된 공원을 보는 것만으로도 마음이 편했어. 택시 기사는 음악을 좋아하는지 라디오에서 나오는 음악에 맞춰 흥얼거리고 있었어. 기사의 유쾌한 몸짓에 동조하기 위해 혹시 '삼바'도 아냐고 물었더니 기사는 기다렸다는 듯이 자신의 핸드폰에 저장해 둔 삼바 음악을 골라 틀기 시작했지. 신나는 삼바 음악에 맞춰 박수도 쳐 주고 호응해 주었더니 기사는 점점 신이 나서 볼륨을 높였어. 좁은 운전석에 앉아 엉덩이를 들썩이며 팔을 올려 춤을 추듯 삼바의 리듬에 몸을 맡기는 거야. 신호가 바뀌는데도 아랑곳 않고 음악에 심취해 도로 위에 멈춰 서 있어서 뒤에 앉은 내가 세 번이나 GO! GO! GO! 외쳐야 했지 뭐니. 격식을 따지지 않고 삼바 리듬에 몸을 맡기는 택시 기사의 흥 때문에 오후의 피로가 다 씻겨 나가는 것 같았어.

지구촌 최대의 축제라 불리는 브라질 리우 카니발은 매년 2월 말에서 3월 초에 리우데자네이루에서 약 1주일 정도 열리는 축제야. 가톨릭이나 기독교의 주요 절기인 사순절을 앞두고 펼쳐지는 행사지. 사순절은 예수가 십자가에 매달려 받았던 고통과 수난과 죽음을 기억하는 절기야. 이 기간 동안 신자들은 예수의 고난을 떠올리며 재를 머리에 얹거나 이마에 바르고 자신의 죄를 회개하며 경건하게 보내지. 금욕과 금식, 절제와 경건의 기간인 사순절을 앞두고 미리 마음껏 마시고 즐기는 것을 묵인하는 종교적 통념에서 생겨난 행사가 리우 카니발이라 볼 수 있어.

브라질은 1500년 무렵부터 1822년까지 포르투갈의 식민 지배를 받았지. 사탕수수를 통한 설탕 무역으로 부를 축적해 가던 포르투갈 정착인은 기존 원주민 노예로는 일손이 달리자 아프리카에서 노예를 수입하기 시작했어. 18세기 후반까지도 광산과 식품 산업, 목장 등 대부분의 브라질 경제는 노예 노동력에 의존해 성장했지. 포르투갈에게 침략당해 사탕수수 농장으로 내몰린 대부분의 브라질 원주민과 흑인 노예들은 북이나 뭐든 두드릴 만한 걸 찾아 박자를 맞추고 춤을 추었어. 침략을 당한 설움과 고단한 노동을 견디는 방편으로 추었던 춤이 삼바의 모태야. 4분의 2박자 리듬에 맞춰 앞뒤로 걷는 단순한 스텝과 격렬하게 몸을 흔드는 동작은 서아프리카의 전통 춤과 유럽에서 건너온 폴카 동작도 섞여 있지. 말하자면 흥겨운 삼바 춤에는 자유를 갈망하는 몸부림, 힘겹고 고통스러운 현실을 이겨 내기 위한 의지가 역설적으로 숨어 있는 거야.

포르투갈의 식민 지배를 받던 16세기 중엽, 브라질에 포르투갈의 전통적인 봄맞이 축제인 '엔트루두(Entrudo)'가 들어왔어. 엔트루두는 봄이 시작될 무렵인 사순절 직전 거리에서 달걀과 밀가루, 진흙 등을 서로에게 던지며 봄의 시작을 알리는 풍습이었지. 식민지 브라질에서도 포르투갈 사람들은 엔트루두를 계속했지만 간혹 가난한 사람이나 노예들이 상류층 사람들에게 오물을 뿌리는 폭동으로 변하기도 했어. 결국, 1850년 무렵 브라질 지배 계층은 엔트루두 대신 폴카나 왈츠 등을 즐기는 가면무도회를 새로운 축제로 개최했단다. 축제는 시간이 지나면서 아메리카 원주민과 아프리카 이주민들의 문화가 뒤섞여 현재 리우 카니발과 비슷한 형태로 발전해 갔지.

삼바와 카니발을 브라질 정부 차원에서 지원하기 시작한 것은 1930년대부터야. 당시 대통령인 제툴리우 바르가스는 경제 부흥을 목적으로 카니발 지원을 결정했어. 리우 카니발은 정부 지원 아래 브라질의 관광 상품으로 자리 잡았고, 제2차 세계대전 때 잠시 중단했다가 1947년 재개했지. 리우데자네이루시는 1960년대부터 카니발 입장권을 판매했어. 1960년대부터 1980년대까지의 긴 군사 독재 시절에도 리우 카니발은 열렸지. 이후 리우 카니발은 세태 풍자와 자유로움, 유럽과 아메리카·아프리카의 다양한 문화를 아우르는 브라질의 대표 축제로 자리 잡게 되었단다.

브라질 국립역사박물관

남미 여행을 준비하면서 TV 뉴스를 통해 브라질 국립박물관 화재 소식을 접하고 큰 충격을 받았어. 2018년 9월 2일 저녁에 일어난 화재로 브라질 국립박물관의 소장품 가운데 90%인 약 2,000만 점이 손상을 입거나 불타 없어졌기 때문이지. 브라질 국립박물관은 포르투갈 식민지 시절인 1818년에 건립된 200년의 역사를 가진 브라질 최고의 박물관이자 과학 연구 기관이었어. 나무 재료로 만들어진 신고전주의 양식의 건물은 그 자체로 귀중한 유산이야. 포르투갈의 왕이었던 주앙 6세는 이집트의 미술품과 미라, 공룡 화석 등 많은 소장품을 갖고 있었기에 그것을 전시하기 위해 박물관을 세웠단다.

박물관에는 대표 소장품인 12,000년 전 인간 두개골 '루지아'를 비롯해 500만 점이 넘는 곤충 컬렉션, 페루와 볼리비아에서 발견된 미라와 브라질에 떨어진 운석, 동물과 조류 표본, 아트, 화석, 브라질 원주민들의 유물 등 자연사와 인류학을 넘나드는 가치를 따질 수 없는 보물로 가득했지.

박물관 화재의 원인은 여전히 밝혀지지 않고 있어. 2014년 월드 컵 개최와 남미 최초로 치른 2016년 리우데자네이루 올림픽을 위해 브라질 정부는 막대한 예산을 쏟아 부었어. 하지만 대회가 끝난 후 연방 예산을 대폭 삭감하면서 박물관은 화재 예방을 위한 스프링클러와 화재 예방 안전장치 설치 같은 기본적인 예산조차 지원받지 못했다고 해. 이 박물관 화재는 부패 정치와 예산 부족 등 브라질이 안고 있는 사회적 위기를 보여 주는 상징적인 사건이 되었어.

국립박물관의 화재는 브라질뿐만 아니라 남미 대륙의 역사와 문화가 사라진 것이기에 너무나 안타까워. 우리는 과거의 역사와 인류의 유산을 박물관을 통해 만나지. 어찌 보면 박물관은 시간이 멈춘 곳처럼 보일 수도 있지만 옛 유물을 통해 새로운 지식도 얻고 무한한 상상력을 통해 창의성이나 예술적 감수성을 기를 수 있는 곳이기도 해.

브라질까지 갔는데 화재로 불탄 브라질 국립박물관의 소장품을 볼 수 없게 되어 아쉬움과 상실감이 너무도 컸지만 어쩔 수 없었지. 다시는 볼 수 없는 유물들을 생각하면 지금도 그 안타까움을 말로 표현하기 어려워. 그래도 브라질 리우데자네이루에는 국립역사박물관이 있었어. 그곳에서 브라질의 숨결과 정체성을 느끼고 싶었단다.

국립역사박물관 안에는 다른 관람객들이 거의 없어 한산했어. 마치 박물관을 나 혼자 독차지한 듯 조용히 집중해서 볼 수 있었지. 전시실마다 직원들이 입구와 출구를 지키고 있었는데 마치 경호원처럼 느껴졌어. 아이러니지만 치안이 불안한 시가지보다 이런 밀폐된 박물관 같은 공간이 더 안전하다고 느껴지는 게 사실이야.

브라질의 싱크탱크인 이가라페 연구소가 발표한 '2017년 중남미 시민 치안' 보고서에 따르면 세계 인구의 8%를 차지하는 중남미에서 전 세계 살인 사건의 33%가 발생했대. 브라질(13%), 멕시코(6%), 콜롬비아(4%), 베네수엘라(4%) 등 4개국의 살인 발생 건수만 따져도 전 세계 살인 사건의 약 4분의 1을 차지할 정도지. 10만 명당 30.3명으로 유럽보다 30배나 높아.

어느 곳보다 안전한 박물관에서 천천히 집중해서 전시품을 보았어. 고대 유물과 동굴 벽화, 과거 브라질 원주민들의 생활 유물, 신대륙 발견 이후 유럽인의 침략을 담은 자료, 왕실 유물, 가구, 화폐, 도자기와 조각, 그림, 수레, 흑인노예를 고문했던 도구, 브라질 독립전쟁의 역사가 담긴 자료, 근현대 물건까지 온갖 전시품이 진열되어 있었지.

나는 아메리카 원주민을 일컫는 스페인어인 인디오라는 표현을 좋아하지 않아. 그것은 유럽인들의 시각에서 만든 말이기 때문이야. 원주민이란 표현을 쓰는 것이 내게는 더 자연스러워. 박물관에서 원주민들이 만든 장신구나 바구니들을 보면 아름답고 정교해. 하나하나에 많은 시간을 들여 공들여 만든 것을 들여다보면 그들의 기운이 느껴져. 인간이 무엇을 위해 어떻게 살아 왔는지 그 물건들이 보여 주기 때문이야.

가장 끔찍한 기억을 보여 준 전시실은 흑인 노예들을 구속했던 도구와 모형이 있는 곳이었어. 탈출을 시도하거나 저항하는 노예들을 가두었던 나무틀과 고문 도구들을 보니 그들의 신음소리가 들리는 듯했지. 여러 가지 고문 도구 가운데 용도를 몰라 궁금했던 건 전시실을 지키는 직원에게 물어보았지. 그 직원도 흑인이었는데, 그는 고문 도구의 용도에 따라 손톱을 뽑는 시늉, 목을 메달아 걸어 놓고 고통을 주는 모습 등 마치 연극배우처럼 연기를 하며 설명해 주었어.

누 시간 정도를 천천히 걸으면서 박물관을 구경하다 보니 다리도 아프고 기운도 없어서 출구로 나와 긴 나무 의자에 기대앉았어. 배낭을 베개 삼아 잠시 누웠지. 관람객도 거의 보이지 않고 문 닫을 시간이 가까워진 박물관 의자에서 나도 모르게 까무룩 잠이 들었어. 잠을 잔 시간은 불과 5분에서 10분 정도나 되었을까, 하루의 피로가 다 풀리는 것 같았지. 그렇게 깜빡 잠이 들 수 있었던 것도 박물관이 가장 안전한 장소라는 안도감이 작용했기 때문일 거야.

박물관 건물도 아름답고 정원도 꽃과 나무도 조화를 이루어 건물의 품격을 높여 주었어. 브라질 국립박물관의 유물은 화재로 소실되었지만 국립역사박물관의 유물들은 이제라도 잘 관리해 인류 모두의 자산으로 후손에게 남겨야 해.

코파카바나 해변

희고 고운 모래가 약 5킬로미터에 걸쳐 펼쳐져 있는 코파카바나 해변은 숙소에서 걸으면 5분 정도밖에 안 걸렸어. 해변과 대로변이 나란히 연결되어 있어서 시내버스, 택시, 관광 차량 등과 사람들이 계속 지나다녀 복잡해. 해변으로 가는 길에는 기념품 가게, 레스토랑, 주점, 각종 편의 시설이 즐비했어.

해변에는 바다에서 파도타기를 하거나 일광욕을 즐기는 사람, 그냥 모래놀이를 하는 다양한 인종과 국적의 사람들이 많았어. 수영복을 입은 채 근처 호텔로 가는 사람, 그냥 맨발로 도로 위를 걸어가는 사람도 있었지.

코파카바나 해변에 서 있으면 설탕 산으로 불리는 달걀 모양의 팡지아수카르도 보여. 그 풍경은 넘실대는 파도와 하얗게 부서지는 포말과도 잘 어울렸지. 바닥의 모래 입자는 하얗고 부드러우면서도 깨끗했단다.

저녁 무렵 해변을 잠시 걷기도 하고 앉아서 마냥 바다를 바라보니 마음에 시름도 다 씻겨 나갈 듯 평온해졌단다. 저녁 7시가 지나자 일몰의 기운이 조금씩 하늘을 물들이기 시작했어. 낮에 여직원이 친절하게 대해 주었던 바비큐 식당을 다시 찾았지. 고맙다는 표현을 하고 싶었는데 퇴근했는지 보이지 않았어.

브라질에 왔으니 이곳의 대표 음식인 페이조다를 먹으려고 물어보았는데 없대. 페이조다는 아프리카에서 건너온 흑인들이 노예 생활을 할 때 주인이 먹다 남긴 각종 고기와 검은 콩과 야채를 넣어 푹 끓여 먹었던 음식에서 시작되었어. 입맛에 맞지 않는 음식을 시켜 낭패를 보기보다는 먹어 본 게 낫겠다 싶어 낮에 먹었던 닭 바비큐를 시켰지. 고추장을 버무려 먹으면 좋았을 텐데 가져가지 않아서 토마토케첩만 듬뿍 발라 먹었어.

저녁 식사를 마치고 숙소로 들어가다 보니 무더위 탓인지 밤인데도 많은 사람들이 나와서 식사를 하며 어울렸어. 공원도 사람들로 붐볐지. 공원 울타리에 기대어 아무렇게나 누워 있는 젊은이도 보였어. 식사나 제대로 하고 누워 있는 건지 알 수 없었으나 옷차림과 신발이 너무 남루해 노숙자처럼 보였어. 그을린 얼굴에도 삶의 고단함이 단번에 드러났지. 그 젊은이도 흑인이었어. 그런 모습을 볼 때마다 안타깝고 답답했어. 그들의 미래가 지금의 현실과 크게 다를 것 같지 않아서야. 세상은 정말로 조금씩 나아지고 있는 걸까. 짧은 마주침에서 느끼는 서글픈 감정 이후에 '무언가' 변화를 위해 우리가 할 수 있는 걸 고민해 봐야 한다는 생각을 했지.

'11월 15일 광장' 주변의 풍경

오전 9시 30분 국립미술관과 박물관 관람을 위해 택시를 탔어. 먼저 깐델라리아 대성당에 들렀지. 성당 외부도 웅장하지만 내부는 하얀 대리석에 금색으로 도금된 부조와 스테인드글라스 장식, 야구공만 한 진주알 모양의 조명등, 성화와 성물 장식이 화려했어. 입구의 문 위에 새겨진 청동 피에타도 인상적이었단다.

성당을 나오니 햇살이 더 뜨거워졌어. 그래도 그늘이 있는 곳에 서면 시원했지. 마침 브라질 중앙은행 문화센터에서 현대미술전이 열리고 있었어. 설치 미술 작품이 많았지. 자유로운 영혼을 가진 청년이 살고 있는 방처럼 어수선하게 늘어놓은 예술품도 있었어. 어지럽게 늘어놓고 사는 아들 방과 닮았다는 생각을 하며 작품을 보니 왠지 친근하더구나. 은행에서도 전시장을 마련해 대중에게 문화 예술을 향유하게 하는 모습은 우리도 본받아야겠다는 생각이 들었어.

근처에 있는 '11월 15일 광장'에 도착하니 벼룩시장이 열리고 있더구나. 11월 15일 광장은 브라질 공화국 선언일인 1889년 11월 15일을 기념해 그 이름을 따서 지은 거야. 토요일 오전이라 다른 거리는 한산했는데 이곳은 많은 사람들로 붐비고 있었어.

물건의 종류도 얼마나 다양하고 많은지 보는 것만으로도 시간 가는 줄 모르게 몰입했단다. 중세의 어느 성에서 나온 듯한 그릇과 살림살이, 가구, 1920년대 카메라, 1·2차 세계대전 때 군인들이 쓰던 철모, 유리 수공예품, 인형, 나무 공예품, 헌책, 옷, 시계, 전등, 조명기구, 해골 모양 장식품 등 셀 수도 없이 많은 물품을 지금까지 어떻게 보관했다가 들고 나왔는지 궁금했어.

흙을 빚어 만든 소 모양의 공예품 두 점을 70레알을 주고 구입했어. 여행을 다니면서 나무나 가죽으로 만든 소는 많이 보았지만, 손으로 빚었어도 투박하지 않고 매끈한 남미 특유의 색채가 담긴 공예품이라 값을 깎거나 흥정하지 않고 바로 샀어. 이런 벼룩시장에서는 마음에 드는 물건이 있으면 바로 사야지 미루다가는 살 수 있는 기회를 놓치게 돼. 한 바퀴 돌고 가 보면 다른 누군가가 사 갔을 수도 있고, 더 어이없는 상황은 하도 복잡해 그 물건을 파는 곳을 다시 찾지 못하는 경우가 생기는 거야. 공예품을 파는 아저씨는 기분 좋게 엄지손가락 끝마디만 한 크기의 작은 토우를 덤으로 주었어. 말은 통하지 않았지만 그 작은 덤은 서로를 흐뭇하게 했단다.

국립미술관 앞 공원에서 만난 거리의 화가

벼룩시장을 지나 국립미술관으로 가는 길에 티라덴티스기념관에 들렀어. 브라질의 독립을 위해 목숨을 바친 영웅 티라덴티스를 기념하기 위해 1926년 지어진 건물이야. 이곳에는 브라질의 정치와 역사를 설명하는 전시물이 있지. 건물 지붕의 돔에는 번쩍이는 금박 장식이 있고, 건물 앞에는 티라덴티스 동상이 있는데, 긴 수염에 수도복 같은 옷을 입고 있는 그의 모습은 영웅이라기보다 수행자처럼 보였어.

국립미술관 오픈 시간이 토요일은 12시라고 적힌 여행 안내서를 읽고 찾아갔더니 오후 1시라고 했어. 기다리는 동안 가까운 공원에서 가방 속에 있던 간식으로 점심을 먹었지. 빵과 과일만 있으면 어디서든 아쉬운 대로 배고픔을 해결할 수 있었어.

국립미술관 앞에는 시립예술극장이 있어. 파리의 오페라하우스를 본떠 만든 건물인데 2,357개의 좌석이 있는 규모가 큰 공연장이라 다양한 클래식 공연과 무용 공연을 볼 수 있다고 해. 시립예술극장 주변은 오랜 세월을 버텨 온 것 같은 중후하고 독특한 유럽식 건물들이 둘러싸고 있어. 세계적으로도 뒤지지 않는 큰 규모의 국립도서관도 있었는데 크리스마스를 앞두고 있어 휴가 기간인지 문을 닫아 들어갈 수 없었어. 리우데자네이루 문화 공간의 중심지인 이곳은 모노레일도 수시로 지나다니고 있어서 잠시 앉아 있는 동안에도 볼거리가 많았단다.

공원에는 검은 피부라 눈빛이 더 희게 보이는 거리의 화가가 있었어. 바닥에 앉아 그림을 그리며 자신의 그림을 펼쳐 놓고 팔고 있었지. 어찌 보면 좀 허술해 보이는 그림이지만 나름대로 자신의 내

면을 표현하고 있었어. A4 용지 크기의 얇은 종이라 그림을 산다고
해도 여행 짐 속에 담을 수도 없었어. 브라질에서의 마지막 일정을
보내고 떠나는 날이라 숙소에 들렀다 공항에 갈 택시비 정도만 남
겨 두었기 때문에 그림을 사 줄 여유도 없었지. 가난한 화가에겐 돈
이 필요할 텐데 싸구려 물감으로 낙서처럼 그린 그림을 누가 사 주
기나 할까 생각하니 붓을 잡은 그의 손도 힘이 없어 보였어. 그래도
그림을 그리는 시간만큼은 행복했으면 좋겠다고 생각했지.

벨라스 국립미술관에서 압도당하다

국립미술관이 토요일에는 오후 1시에 문을 연다는 것을 진작 알
았더라면 전날 미리 보았을 걸 하는 아쉬움이 컸어. 우리나라는 토
요일이면 주로 오전에 업무가 끝나고 오후면 문을 닫는 경우가 많
은데 이곳 남미는 그 반대였어. 우리나라 식으로 생각한 게 문제였
지. 오후에 상파울루로 가는 비행기를 타야 하기 때문에 작품을 감
상할 시간이 한 시간 정도밖에 없었어. 그래서 빠른 발걸음으로 전
체를 훑어봐야 했지.
우선 엄청난 규모의 전시실과 작품 규모에 압도당했어. 마침 '성
프란시스코 특별기획전'이 열리고 있어서 그것부터 봤어. 그의 신
앙과 선교에 대한 이야기가 그림의 주제였어. 그리고 1808년 포르

투갈 왕실이 브라질로 피난 올 때 가지고 온 것부터 17~20세기 브라질 작가들의 다양한 미술품이 전시되어 있었어. 그림에는 포르투갈과 스페인 정복자들에 의해 짓밟힌 원주민들의 문화와 강요된 종교로 위로를 하겠다는 정복자들의 생각, 또 혁명과 저항의 역사가 담겨 있었지. 그림은 사진을 대신해 당시의 모습을 사실적으로 기록하고 상상력으로 역사를 재현하는 힘이 있어. 단순한 역사 기록과 고발을 넘어 인간의 고뇌와 정신세계까지 담을 수 있지. 그런 그림들을 보면서 지구 반대편 사람들의 살아온 모습을 살필 수 있었어. 그뿐만 아니라 리우데자네이루의 아름다운 자연환경과 명소를 채색 판화로 표현한 것도 볼 수 있었단다.

현대 미술가들의 설치 미술과 조각품은 상상력과 창의력을 자극해 다양한 영감을 준다고 봐. 남미에서 본 미술품들의 공통적인 특징은 색채의 화려함이었어. 하다못해 우중충할 수 있는 고가도로의 기둥도 알록달록 원색으로 칠해 놓았거든. 그것은 뜨거운 태양빛이 이곳에 사는 사람들에게 준 영감 때문일 거라 생각했어.

마지막에 들른 전시실은 붉은 천이 겹겹이 드리운 곳이었는데 몽환적이었지. 맨발로 바깥에서 안쪽으로 걸어 들어가면 원형의 공간이 나왔어. 그곳에는 아이들 장난감 같은 물건과 레고 같은 퍼즐도 있고 천으로 만든 인형도 있었어. 그 물건을 만져도 되고 그것으로 표현하고 싶은 것을 만들어도 돼. 나는 과테말라 아이들처럼 그 인형을 걱정을 대신 받아 주는 인형으로 생각하고 여행이 무사히 끝나기를 부탁하고 나왔지. 그 방을 안내하는 아가씨가 밀로의 비너스상처럼 참 귀엽고 예뻤어.

브라질에서 마지막 여행지는 미술관이었어. 온종일 봐도 부족한데 짧은 시간 급하게 봐서 많이 아쉬웠지. 그래도 기억에 남는 그림 한 점이 남미 대륙이 가진 정체성과 겹쳐 보였어. 브라질 화가가 그린 유화 작품인데 어느 집 마당에 모인 단란한 가족을 그린 그림이었단다. 젊은 여인이 아이를 품에 안고 놀아 주는데, 아버지로 보이는 남자가 그 뒤에 앉아서 흐뭇한 눈빛으로 바라보고 있는 모습이 따뜻해 보였어. 하지만 그 옆에 하녀로 보이는 흑인 노파가 손을 벌리며 가족의 시선과는 다른 쪽을 보고 있는 거야. 이 가족의 행복은 그 흑인 노파와 같은 사람의 희생을 통해 얻어진 것은 아닌가 하는 생각이 들었지. 스페인과 포르투갈의 정복자에 의해 원주민은 희생되었고 그들의 문화는 단절되었어. 원주민이 사라진 자리를 아프리카에서 데려온 흑인 노예로 채우고 탐욕과 억압으로 자본을 축적한 세력 역시 약자의 희생을 발판 삼아 성공을 이룬 것 같아 씁쓸했지.

국립미술관을 나와 이동하는데 공중전화가 보였어. 공중전화 안과 밖에는 중후하고 품위 있는 주변 건물과는 어울리지 않게 선정적인 포즈의 여인이 인쇄된 스티커와 전화번호로 잔뜩 도배되어 있는 거야. 도시 미관을 해치는 이런 불법 광고물은 어디에서나 골치 덩어리겠다 싶었어. 택시를 타고 가다 보니 도로 건너편으로 거대한 피라미드를 닮은 메트로폴리타나 대성당이 보였어. 직경 96미터, 높이 80미터의 2만 명을 수용할 수 있는 대형 성당이야. 겉에서 보면 와플 틀 같은 독특한 외관인데, 내부는 십자가를 중심으로 스테인드글라스를 통과한 빛이 여러 가지 색깔의 조명등처럼 반짝이는 곳이야. 리우데자네이루에는 독특한 모양으로 설계된 건물이 많았어.

리우데자네이루 국내선 전용 산토스공항에서 비행기로 상파울루로 이동했단다. 브라질 공항은 한여름인데도 크리스마스 분위기를 내느라 캐럴을 틀어 놓고 한창 분위기를 띄우고 있었어. 화이트 크리스마스나 추운 겨울의 크리스마스에 익숙한지라 땀이 줄줄 흐르는 무더위 속에 하얀 수염의 산타할아버지와 썰매를 보니 적응이 되지 않는 거야. 관습이나 습관이 인식이나 가치를 지배한다는 생각이 들었단다.

두 시간을 대기했다가 라탐항공을 이용해 독일 프랑크푸르트 공항으로 갔어. 상파울루에서 독일까지 열한 시간이 걸렸어. 늦은 밤이나 새벽에도 공항은 쉴 새 없이 돌아가고 있었어. 독일 프랑크푸르트 공항에 도착해 다시 아시아나 비행기로 환승했단다.

한 달여 동안 타게 된 외국 비행기에서는 말이 통하지 않아 긴장했고 때론 그들의 느릿느릿한 작업 속도 때문에 답답했어. 그런데 우리 국적기에는 대화가 되는 예쁘고 친절한 스튜어디스가 있고 고추장을 넣어 싹싹 비벼 먹는 비빔밥도 있으니 정말 좋았지.

그런데, 옆자리에 앉은 독일 남자는 아무래도 한국이 처음인 듯했어. 휴대폰을 들고 낯선 풍경을 찍고, 어떤 메뉴를 골라야 할까 망설이고, 또 어떻게 먹어야 할지 몰라 난처해하는 모습이 한 달여 전 남미 라탐항공에 탔을 때의 바로 내 모습이었어. 난 한국 아줌마의 오지랖을 발휘해 이것저것 그를 도와주었지. 그도 고마워하고 나도 흐뭇했단다.

비행기에서 잠을 못 잤지만 그리 피곤하지는 않았어. 그동안 못 보았던 한국영화 세 편과 다큐 영화 〈가우디의 바르셀로나〉까지 보고 나니 인천공항이 가까워졌다는 안내 방송이 나왔어. 한국 시간 오전 11시 40분, 프랑크푸르트에서 출발한 지 열 시간 만에 무사히 착륙했단다.

여행을 마치고

남미는 그동안 아득히 먼 곳이었어. 언젠가 가 보고 싶다고 생각은 했지만, 언제쯤이나 갈 수 있을까 아련한 곳이기도 했지. 한 달여 동안 남미 여행을 통해 지구 반대편이 어떤 곳인지 알게 되었고, 다양하고 변화무쌍한 자연환경과 고산 지대에 꽃피운 고대 문명의 자취, 남미의 역사와 문화, 그리고 열심히 살아가는 선량한 사람들의 모습을 볼 수 있어서 참 좋았어. 각박한 일상에 지쳐 사람의 정이 그립고 사람 냄새가 그리워질 때면 안데스 고산 지대 마을에서 만난 잉카의 후예들을 떠올리게 될 거야. 가난하지만 따뜻한 사람들의 수줍은 미소는 지금도 눈앞에 어른거려. 잉카의 영혼과 전통, 찬란한 문화가 자본주의의 물질 만능주의에 오염되지 않고 그곳에 있는 선한 아이들에게 온전히 이어지기를 바랄 뿐이야.

무엇보다 이번 남미 여행을 통해 얻은 가장 큰 소득은 자존감이 높아진 거야. 나 자신을 더 소중한 존재로 여기게 되었고 내 삶을 더 풍요롭게 만드는 방법을 알게 된 거지. 호기심을 잃지 않고 공부하며 스스로 활력을 만들어 가려고 해. 그리고 여행을 다녀와서 궁금하게 생각했던 남미 지역의 역사와 문화, 종교, 그리고 사람들에 대한 공부를 통해 여행기를 쓰고 감동을 나눌 수 있게 된 것도 뿌듯해. 책이 나오기까지 함께한 모두에게 고마운 마음을 전하며 여행 이야기를 마칠게.